KB200434

기도하면 응답된다

기도하면 응답된다

지은이 | 이인호
초판 발행 | 2022. 6. 22
5쇄 발행 | 2024. 9. 30
등록번호 | 제1988-000080호
등록된 곳 | 서울특별시 용산구 서빙고로 65길 38
발행처 | 사단법인 두란노서원
영업부 | 2078-3333 FAX | 080-749-3705
출판부 | 2078-3331

책값은 뒤표지에 있습니다.
ISBN 978-89-531-4231-2 03230

독자의 의견을 기다립니다.
tpress@duranno.com www.duranno.com

두란노서원은 바울 사도가 3차 전도여행 때 에베소에서 성령 받은 제자들을 따로 세워 하나님의 말씀으로 양육하던 장소입니다. 사도행전 19장 8-20절의 정신에 따라 첫째 목회자를 돕는 사역과 평신도를 훈련시키는 사역, 둘째 세계선교(TIM)와 문서선교(단행본·잡지) 사역, 셋째 예수문화 및 경배와 찬양 사역, 그리고 가정·상담 사역 등을 감당하고 있습니다. 1980년 12월 22일에 창립된 두란노서원은 주님 오실 때까지 이 사역들을 계속할 것입니다.

기도하면 응답된다

이인호 지음

응답받는 기도를 위한 일상 훈련

두란노

목차

프롤로그
기도의 고수가 되려면 … 8

STEP 1

응답받는 기도를 위한 기초 훈련

01_ 지성 훈련
자꾸 딴생각이 나는데 어떡하나요? … 15

02_ 감정 훈련
기도하기 싫은 마음이 들면 어쩌죠? … 31

03_ 의지력 훈련
너무 피곤하고 힘들어서 못하겠어요! … 45

STEP 1 핵심 내용 … 52

STEP 2

응답받는 기도를 위한 기도 습관 만들기

04_ 시간과 장소를 구체적으로 정하라 … 57

05_ 5분이라도 매일 기도하라 … 67

06_ 내 목소리가 들리도록 기도하라 … 77

07_ 교회 소그룹이나 가족과 함께 기도하라 … 85

08_ 교회의 권세 아래 함께 기도하라 … 93

STEP 2 핵심 내용 … 102

STEP 3

응답받는 기도를 위해 넘어야 할 장애물

09_ 죄를 버리고 회개하라 … 107

10_ 바쁜 일의 유혹을 피하라 … 113

11_ 세상에 흔들리지 말라 … 121

12_ 믿음의 장애물을 넘어서라 … 129

STEP 3 핵심 내용 … 136

STEP 4

응답받는 기도를 위한 기도의 태도

13_ 소리 내어 부르짖으라 … 141

14_ 원통하고 분한 마음을 토하라 … 151

15_ 끈질기게 강청하라 … 159

16_ 지속적으로 기도하라 … 169

17_ 전심으로 기도하라 … 177

18_ 기도하고 구한 것은 받은 줄로 믿으라 … 187

STEP 4 핵심 내용 … 198

에필로그
응답 이후의 삶을 주의하라 … 200

프롤로그

기도의 고수가 되려면

기도의 실력이 신앙의 실력이다

누가복음에는 겟세마네 동산에서 기도하시는 주님의 모습이 나온다. 그런데 제자들은 함께 기도하지 못하고 잠들었다. 누가복음을 보면 그들이 슬퍼서 기도하지 못했다고 한다. 마태복음에서는 눈이 피곤해서 잤다고 한다. 마가복음에서는 마음에는 원이로되 육신이 약해서라고 한다. 그들은 육체적이고 환경적인 이유로 그 중요한 순간에 기도하지 못했다. 결국 그다음 날 시험에 들었고 주님을 배신했다.

그러나 주님의 형편은 어떠했는가? 예수님은 곧 붙잡혀 십자가에서 죽을 것을 알고 계셨다. 그래서 심히 놀라시며 슬퍼하사 "내 마음이 심히 고민하여 죽게 되었으니"(막 14:34)라고 말씀하셨다. 주님은 지금 죽음을 앞두고 마음이 무너져 내리는 상황이었다. 제자 하나는 배신해 주님을 팔러 갔다. 제자들 중에 깨어서 주님과 함께해 주는 사람이 한 명도 없는 외로운 밤이었다. 정말 기도하기에는 너무나 어려운 상황이었다. 그러나 주님은 기도하셨다. 그리고 그날 밤 기도를 통해서 받은 능력으로 십자가를 지셨다.

결국 기도의 차이가 신앙의 차이다. 기도의 실력이 신앙의 실력이다. 기도의 고수가 신앙의 고수다. 우리도 기도해야 한다는 사실은 잘 안다. 마음도 원한다. 그런데 육신이 약하다. 너무 바빠서, 너무 피곤해서, 너무 괴로워서, 너무 몸이 아파서 등 이런저런 이유로 기도하지 못한다. 사실 처음부터 우리의 육신과 기도는 어울리지 않는다. 기도는 핑계를 이기고 장애물을 극복해 내야만 할 수 있다.

어떻게 하면 기도의 거장이 될 수 있을까? 성경을 자세히 보면, 예수님의 기도와 제자들의 기도 사이에 차이를 만든 중요한 단서가 하나 있다. 무엇인가? 누가복음 22장 39절을 보면, "예수께서 나가사 습관을 따라 감람산에 가시매"라고 기록되어 있다. 이미 주님은 오래전부터 그 시간에 감람산에서 기도하는 습관을 지니셨다. 주님은 기도의 훈련이 되신 분이었다. 바로 제자들과 주님의 차이다. 훈련 없이 거장이 되는 법은 없다.

연주자들이 자신의 연주로 모두에게 감동을 전달해 주기 위해 얼마나 피나는 훈련을 하는가. 이처럼 우리의 몸이 그 어떤 상황에서도 기도라는 아름다운 소리를 내어 삶에 놀라운 기적과 은혜를 가져오게 하는 것은 피나는 훈련의 결과다.

그러면 우리는 어떻게 기도의 훈련을 시작해야 할까?

기도는 지·정·의의 인격적 활동이다

기도를 잘한다는 것이 무엇인가? 기도를 막힘없이 줄줄 하는 것일까? 영감이 넘치고 은혜롭게 기도하는 것일까? 어떤 상황에서도 늘 기도하는 것일까? 기도를 오래 하는 것일까? 기도를 깊이 하는 것, 항상 깨어 있는 것 등 어떻게 해야 기도를 잘하는 것일까?

어떤 이는 정말 눈을 감고 5분만 기도하면 기도할 내용이 없다. 그에게 있어서 기도를 잘하는 것은 막힘없이 30분 이상 기도할 수 있게 되는 것이리라. 어떤 사람은 사람들 앞에서 기도하려고만 하면 말이 막힌다. 그는 사람들 앞에서 유창하고 담대하게 기도하길 원할 것이다. 어떤 사람은 오랜 시간 늘 기도하는 습관을 가지지 못했다. 그는 매일 한 시간 이상씩 기도하는 것이 기도를 잘하는 것이라고 생각할 것이다. 어떤 이는 문제 앞에 서면 고통과 염려에 눌려서 기도가 턱 막힌다. 그는 어떤 삶의 스트레스 속에서도 성령의 능력으로 기도할 수 있는 단계를 원할 것이다.

이처럼 기도를 잘한다는 것은 사람마다 생각하는 바가 다르고 수준도 제각각이다. 그런데 이러한 내용을 종합해 보면 대략 세 가지 범주에 다 들어간다. 그것은 바로 지·정·의의 영역이다. 어떤 이는 기도의 지성이 잘 훈련되어 조리 있게 기도할 수 있다. 어떤 이는 의지적으로 잘 훈련되어 습관적으로 기도하는 삶을 산다. 어떤 이는 감정적으로 잘 훈련되어 영감 있게 성령 안에서 기도할 수 있다.

그런데 이 세 가지는 따로 떼어져 있는 것이 아니다. 결국 기도란 하나님과의 인격적인 관계이기 때문에 기도는 지·정·의 세 가지 영역에서 잘 훈련되어야 하는 것이다.

영화와 오락에 심취하다가 기도하려면 기도가 될까? 그러나 말씀을 묵상하면서는 기도의 세계에 깊이 들어갈 수 있다. 기도는 지성적인 활동이기 때문이다. 또한 기도는 감정이 도와줘야 시간 가는 줄 모르고 할 수 있다. 감정적으로 아무런 기쁨이나 열망도 없다면 기도는 곧 추락해 버린다. 그리고 기도는 강력한 의지를 요구한다. 이상하게 하기 싫어도 의지를 가지고 무릎을 꿇었는데 기도가 깊이 들어가는 경험을 하곤 한다.

기도란 지·정·의를 어떻게 활용하고 훈련하는가에 성공과 실패가 달려 있다. 세 가지 영역에서 제대로 훈련하면 앞서 원했던 모든 바람이 내 기도의 삶에서 성취될 수 있다. 이제 당신의 지·정·의를 하나님께 맡겨 보라. 무릎을 꿇고 기도를 시작해 보라. 기도하면 응답되는 삶을 경험할 것이다.

2022년 6월

이인호

STEP 1

응답받는 기도를 위한

기초 훈련

바른 기도의 첫 번째 규칙은
우리의 마음과 지성을 가다듬어
하나님과 대화의 장으로 들어가게 하는 것이다

_존 칼빈

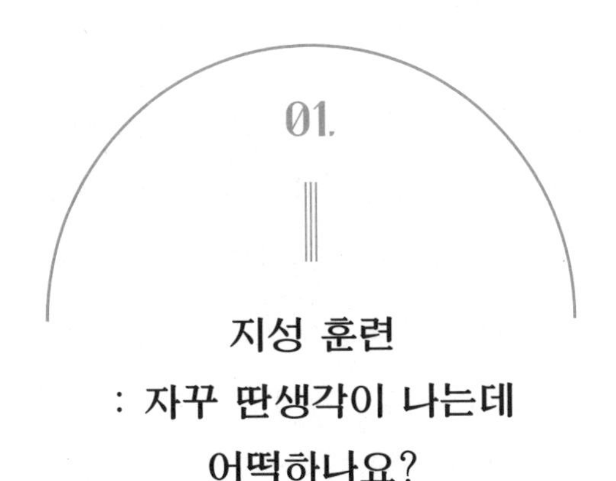

01.

지성 훈련 : 자꾸 딴생각이 나는데 어떡하나요?

지성의 문으로 들어가라

우리가 한창 기도할 때 최고의 방해는 떠오르는 생각들이다. 갑자기 전화할 일이 생각난다거나 처리할 일이 떠오른다. 어떤 일에 대한 아이디어가 퍼뜩 번쩍이기도 한다. 또는 부정적인 생각, 염려로 마음이 분산될 때도 있다. 그러면 우리는 곧 기도의 열정을 잃어버리고 기도는 땅으로 곤두박질친다.

교부들의 글을 모은 《필로칼리아》에 보면 기도할 때 지성이 받는 공격을 이야기한다. "지성은 기도하는 동안 기억에 휘말리기 쉽다. 기도하는 동안 기억들은 당신 앞에 과거의 일이나 현재의 염려와 관련된 환상, 또는 당신을 화나게 만든 사람의 얼굴을 가져다놓는다. 마귀는 기도하는 우리를 시기하여 온갖 종류의 속임수를 동원한다. 우리가 하나님께 올라가는 길을 방해하기 위하여 여러 가지 일을 생각하게 만들거나 정념을 일으킨다."

그러므로 지성에서 먼저 승리하는 것이 중요하다. 지성이 강력해지지 않고서는 절대로 하나님 앞으로 나가는 일을 할 수 없고 지속할 수 없다.

존 칼빈(John Calvin)은 "바른 기도의 첫 번째 규칙은 우리의 마음과 지성을 가다듬어 하나님과 대화의 장으로 들어가게 하는 것이다"라고 이야기했다. 그래서 위대한 기도의 사람들은 대부분 소리 내어 기도하기 전에 먼저 묵상을 하는 것을 당연히 생각했다. 왜냐하면 이것이 우리 마음의 상태, 즉 감정을 결정해 주기 때문이다.

이블린 언더힐(Evelyn Underhill)은 지성 훈련의 중요성을 언급했다. "기도는 지적인 조정으로 시작한다. 잡다한 다른 생각들을 버리고 하나님만을 진지하고 겸손하게 생각하고, 의도적으로 마음을 영적인 것들에 복종시키며, 새로운 생명이 유입되도록 마음의 생각을 준비시킴으로써 시작된다."

어떻게 지성을 하나님께로 고정할 수 있을까?

기도는 생각의 싸움이다. 먼저 내 생각을 하나님께 고정해야 한다. 무엇을 바라보는가, 즉 시선이 믿음이다. 세상을 바라보고 문제를 바라보면 근심하게 되고 한숨이 나온다. 그러나 하나님을 바라보면 기도하게 된다.

어떻게 바라보아야 할까? "주님, 어디 계세요?" 하고 먼저 하나님을 생각하는 것이 하나님을 바라보는 것이다. 영의 일을 생각하는가, 육의 일을 생각하는가에 따라서 그 사람이 영적인 사람이냐, 육적인 사람이냐가 결정된다.

토마스 아 켐피스(Thomas A Kempis)는 "하늘의 것에 초점을 맞추려고 노력할 때마다 육신의 유혹이 성난 폭도들처럼 사납게 덤벼든다"라고 했다. 헨리 나우웬(Henri Nouwen)도 트라피스트 수도원에 있을 때 자신이 기도하려고 할 때마다 해야 할 일이 떠올라서 마음이 산만해졌다고 고백했다. 그러므로 우리가 기도를 잘하려면 우리의 지성을 하나님께로 가다듬는 일부터 시작해야 한다.

어떻게 지성을 하나님께로 가다듬을 수 있을까?

흔들리는 생각에 공을 던지라

수도사(monk)들은 이리저리 흔들리는 마음을 원숭이 마음(monkey mind)라고 했다. 원숭이처럼 이리저리 옮겨 타는 마음을 어떻게 바로잡을 수 있을까? 이때 '코끼리 코 고정하기' 훈련을 하면 좋다. 코끼리 코는 이리저리 흔들린다. 그런데 코끼리 코에 공을 던져 주면 흔들리지 않는다고 한다. 이처럼 생각이 흔들릴 때 어떤 하나의 대상에 집중하면 흔들리지 않는다. 우리의 생각이 한 대상에 집중하는 것이 바로 '묵상'이다.

성령이 기도의 영을 주시길 원하면 영의 생각을 해야 한다. 가장 치열한 전쟁이 바로 이 생각의 영역에서 일어난다. 불교나 타 종교를 보면 목탁이나 묵주를 이용해 간단한 주문을 끊임없이 외운다. 그들은 그렇게 함으로써 흐트러진 생각을 바로잡고 마음을 집중한다.

지성 훈련의 핵심은 바로 '묵상 훈련'에 있다. 흔들리는 생각을 바로잡기 위해서 우리는 어떤 공을 우리 생각에 던져 주어야 할까?

말씀 묵상(QT)

기도는 인격이신 하나님과의 대화다. 누군가와 대화하려면 상대를 알아야 하고, 알수록 대화가 깊어진다. 마찬가지다. 우리가 깊은 기도를 하려면 하나님을 깊이 알아야 한다. 그분의 사랑, 능력, 성품을 깊이 알 때 우리의 기도는 충만해진다.

하나님을 깊이 알기 위해 우리에게 가장 익숙한 훈련은 말씀 묵상이다. 설사 당신이 매일매일 충만하게 기도하는 사람이라고 할지라도 당신이 말씀을 듣지 않으면 곧 기도가 빈약해진다는 것을 깨닫게 될 것이다. 기도는 성령의 활동이고, 성령이 우리 안에 기도의 영으로 불타오르시려면 연료가 필요하다. 그 연료는 바로 말씀이다. 그래서 성령은 우리가 말씀에 사로잡혀 있을 때 가장 충만히 역사하신다.

숨 기도와 단문 기도

말씀을 깊이 묵상하려면 시간이 오래 걸린다. 아침에는 이

방법이 좋다. 하지만 일과 중에는 어떻게 해야 할까?

《하나님의 임재 연습》(두란노, 2018)을 쓴 로렌스 형제(Brother Lawrence)는 부엌일이나 구두 수선을 하는 수사였다. 그는 따로 기도 시간을 가지기 어려웠지만, 항상 주님의 임재 가운데 있었다. 그것은 그가 수십 년 동안 하나님의 임재를 연습했기 때문에 가능했다. 그는 일하면서도 항상 하나님을 생각하는 연습을 했다고 한다. 일터는 곧 그의 기도실이었다. 일터에서 드리는 기도가 결코 긴 기도일 수가 없다. 그는 상황에 맞는 짧은 기도를 주님께 드리며 대화를 이어 갔다.

우리도 일상에서 부딪히는 상황마다 짧게 주님께 기도를 드릴 수 있다. "주님, 도와주세요", "주님, 이 상황 속에도 여전히 주님이 계신 줄 믿습니다", "주님, 저는 당신의 것입니다. 저의 주인은 주님이십니다", "주님, 지혜를 주사 바르게 판단하게 하옵소서", "주님, 용기를 주옵소서. 제 곁에 계신 주님을 알게 하옵소서" 등 우리는 삶의 모든 순간 속에서 입술을 열어 주님께 짧게 기도함으로 그분의 임재를 경험할 수 있다.

《순례자의 길》(은성, 2003)이란 책도 추천한다. 이 책은 한

무명의 순례자가 “쉬지 말고 기도하라”는 바울의 명령을 어떻게 실제적인 삶 속에서 실천할 수 있을까를 고민하다가 ‘예수 기도’라는 것을 발견하게 되는 이야기다. 그는 “하나님의 아들 주 예수 그리스도시여, 나를 불쌍히 여기소서”라는 단문의 기도 문장을, 숨을 내쉬고 들이쉴 때마다 하루에 수천수만 번을 반복하는 훈련을 한 끝에 잠을 자면서도, 밥을 먹으면서도 언제나 자기 안에서 늘 기도하게 되었다고 한다.

이 책을 읽고 실제로 예수 기도를 몇 시간 동안 해 보았다. 수백 번, 수천 번 “하나님의 아들 주 예수 그리스도시여, 나를 불쌍히 여기소서”라고 반복하면서 기도하자 이 단어 하나하나가 살아서 내 마음에 들어왔다. 숨을 들이쉬며 “하나님의 아들 주 예수 그리스도시여”라고 부를 때, 살아 계신 하나님의 아들이자 나의 주님이며 인간이 되신 예수님, 그리스도이신 그분의 임재가 충만하게 느껴졌다. 그리고 숨을 내쉬며 “나를 불쌍히 여기소서”라고 하면 내 마음의 모든 근심, 염려, 두려움, 상처, 소원 등이 그 단어 하나에 실려서 주님께 온전히 드려졌다. 우리가 일터에서 길게 기도할 수 없을 때, 주님의 이름을 부르며 간구하는 이

짧은 기도가 얼마나 효력이 있는지 모른다.

이와 같이 단문 기도와 숨 기도를 통해서 우리는 우리의 지성을 주님께로 모으며 언제나 기도할 수 있는 상태에 머물게 된다.

경건 서적을 읽으라

기도의 사람들의 전기나 경건 서적들을 읽음으로써 지성으로 드리는 기도를 더 잘 드릴 수 있다. 다시 말하지만, 우리 내면의 상태는 내가 지성으로 무엇을 받아들였는가에 따라서 결정된다. 사실 신문이나 텔레비전, 기타 대중매체 등을 통해 들은 많은 정보가 우리의 지성을 채우고 있다. 이것들은 쉼 없이 우리 안에 있는 기도의 불을 끈다. 그러므로 늘 책 읽기를 습관화해야 한다. 특별히 기도의 영성을 가르쳐 주는 책들을 쉼 없이 읽어야 기도의 불이 꺼지지 않는다.

자신만의 지성의 활주로를 만들라

예전에 금요 심야 기도회 때 전신갑주 시리즈를 설교하면서 깊이 묵상한 적이 있다. 그때 전신갑주로 기도를 시작하면 지성이 하나님께로 모이는 것을 경험하였다. 비결은 다음과 같다.

진리의 허리띠를 띠라

허리띠를 맨다는 것은 진리의 옷을 입는 것이다. 먼저 내가 흑암의 권세에서 벗어나 사랑의 아들의 나라로 옮겨졌다는 사실을 고백한다. 이전 것은 지나갔고 새것이 되었다는 사실을 고백한다. 나의 진정한 존재는 하나님의 아들이요, 나는 불의의 병기가 아니라 의의 병기라는 사실, 내 옛사람은 죽었고 나는 새사람이 되었다는 사실을 고백하는 것이다. 그래서 마귀가 나와 상관없고, 나는 하나님의 백성임을 고백하는 것이다. 한마디로, 나의 소속을 분명히 한다.

의의 흉배를 붙이라

예수 그리스도로 말미암아 하나님이 나의 편이시라는 확신이다. 내 모든 죄를 도말하시고 그리스도의 보혈로 나를 정결케 해 달라고 기도한다. 그리고 예수 안에서 하나님이 나의 의요, 나의 편이심을 고백한다. 주님은 나의 산성이요, 피난처요, 방패요, 힘이시라고 고백한다. 그래서 세상이, 마귀가 나를 괴롭힐 수 없다고 고백하며 나의 오늘의 모든 행사를 주님이 도와주시고 내 앞서 싸워 달라고 기도하는 것이다.

평안의 복음의 신을 신으라

군화는 딱딱해서 어떤 지형에서도 발이 평안하도록 든든히 받쳐 준다. 군인은 평평한 땅이 아니라 험난한 상황에서도 평안을 잃지 않아야 한다. 그런 평안은 바로 복음에서 온다. 나는 평안을 위해서 기도한다. "주여! 어떤 근심과 염려와 걱정도 내 마음을 흔들지 못하게 하시고 예수 안에서 참된 평강을 누리게 하옵소서."

믿음의 방패를 들라

믿음의 방패를 든다는 것은 뭔가를 덧붙이는 것이 아니다. 이것은 우리가 이미 그리스도가 이루신 십자가 사역 안에서 안전하기 때문에 그만 무서워하고 이제 믿으라는 뜻이다. 죽을 것 같아도 믿으라는 의미다. 그래서 지금 나 자신을 괴롭히고 누르고 있는 것을 기억하며 그것이 나를 점령하지 못하고 나를 누르지 못할 것이라고 기도한다. 질병이 나를 넘어뜨리지 못하며 하나님이 나를 십자가에 감추

시고 내 생명을 생명 싸개 아래 두셨다고 고백하며 선포한다. 어떤 것도 나를 해하지 못한다고 기도한다. 내가 가는 길에 사탄의 권세가 나를 넘어뜨릴 수 없다고 기도한다.

구원의 투구를 쓰라

이것은 소망을 위한 기도다. 이 세상을 우습게 여기는 기도를 드린다. 내가 바라보는 것은 이 세상이 아니라고 고백한다. 천국과 재림을 생각하며 싸우는 하루가 되게 해 달라고 기도하고 그날의 상급을 기억하며 살기를 기도한다.

성령의 검을 들라

성령 충만하여 하나님의 말씀이 생각나고 외워져 기억나게 해 달라고 기도한다. 날카로운 말씀을 소유하는 이해력과 명철을 구하는 기도를 드린다. 그래서 마귀를 이기는 하루가 되게 해 달라고 기도한다.

물론 이 기도법에 매이지는 않는다. 어떤 때는 이 순서로 기도하다가 어느 한 부분에서 간절하게 간구하며 중보기도로 나아가기도 한다. 어떤 때는 성령이 역사하는 대로 기도하기도 한다. 하지만 기도할 마음이 없고 어떻게 기도할지 모를 때 이 기도를 이용하면 지성이 하나님을 바라보는 데 많은 도움이 된다.

또 다른 방법으로 주기도문으로 드리는 기도도 효과적이다. 주기도문으로 드리는 기도는 단순히 외워서 반복하는 기도가 아니다. 주기도문의 구절마다 의미를 되새기면서 구체적인 기도 제목을 덧붙여 기도해 보라. 앞부분만 예를 들면 다음과 같다.

"하늘에 계신 우리 아버지여/ 내 생명의 근원 되시는 아버지, 사랑합니다. 당신은 온 땅을 통치하시는 왕이십니다. 나를 큰 그릇으로 빚으시기 위해 이 땅에 보내시고 고난을 허락하신 강한 아버지이십니다. 하늘에서 언제나 내 길을 지켜보시며 기도할 때 하늘 문을 열어 주시는 능력의 아버지이십니다.

이름이 거룩히 여김을 받으시옵소서/ 아버지의 사랑만 알고 거룩을 알지 못하여 그 이름을 망령되이 일컬었음을 회개합니다. 아버지는 죄를 용납할 수 없으신 거룩한 분임을 알게 하소서. 우리의 착하고 의로운 행실을 통해 아버지의 이름이 이 세상에서 칭송받게 하소서. 우리의 예배를 통하여 뛰어나신 아버지의 영광과 존귀가 나타나게 하소서.

나라가 임하시옵소서/ 십자가의 승리로 당신의 나라가 임했습니다. 복음이 증거되어 사탄의 세력이 물러가게 하옵소서. 죄에서 돌이켜 아버지께 순종하는 참된 회개가 일어나게 하소서. 성령의 임재로 두려움과 상처가 치유되고 슬픔과 근심이 사라지게 하소서. 주의 나라가 권능으로, 말씀으로, 치유의 기쁨으로 임하는 것을 날마다 경험하게 하소서.

뜻이 하늘에서 이룬 것같이 땅에서도 이루어지이다/ 주님, 제 삶에 온전하고 보배로운 아버지의 계획을 두셨음에 감사드립니다. 제 눈을 열어 아버지의 뜻을 깨닫게 하소서. 전적으로 순종하며 살아갈 겸손과 믿음을 주옵소서. 주의 뜻이 이 땅에, 제 삶 속에 속히 이루어지게 하옵소서.

오늘 우리에게 일용할 양식을 주옵소서/ 언제나 필요를 공급하시는 목자가 되어 주셔서 감사합니다. 돈 걱정에 매여 인생을 허비하지 말게 하소서. 내 영혼의 빵은 돈이 아니라 아버지의 사랑임을 알게 하소서. 먼저 아버지의 나라와 의를 구하는 열정이 마음에서 항상 흘러넘치게 하옵소서.

우리가 우리에게 죄지은 자를 사하여 준 것같이 우리의

죄를 사하여 주옵소서/ 용서하지 못하는 미움과 복수심이 오늘 나를 향한 아버지의 용서를 가로막고 있음을 알게 하소서. 공의로우신 아버지 앞에 복수심과 미움과 원한을 다 맡기고 내려놓게 하옵소서. 그를 사랑하고 섬김으로 용서를 실천할 믿음을 주시고, 순종할 때 아버지의 큰 사랑으로 날 치유하여 주옵소서.

시험에 들게 마시고 다만 악에서 구하옵소서/ 나의 약함을 아시는 주님, 내가 유혹당하여 넘어질 상황에 처하지 않게 하옵소서. 요셉처럼 유혹의 자리를 피할 수 있게 하옵소서. 나의 싸움은 마귀와의 영적 싸움임을 알고 항상 말씀과 기도로 무장하게 하소서. 오직 기도만이 마귀의 궤계를 이기고 승리하는 길임을 알고 항상 깨어 기도에 전념하게 하소서.

나라와 권세와 영광이 아버지께 영원히 있사옵나이다/ 지는 것처럼 보여도 결국 하나님 나라가 승리함을 믿습니다. 비록 잠시 교회가 지탄을 받고 침체하는 것처럼 보여도 최후 승리를 믿고 낙심치 말게 하소서. 잠깐뿐인 세상의 영화와 권력에 유혹받지 말고, 영원한 하나님 나라의 권세와 영광 위해 살게 하소서. 오직 모든 영광을 아버지께만 영원히 돌리옵나이다. 아멘."

이처럼 각 구절마다 자신만의 의미를 덧붙여서 기도하는 것이다. 루터도 주기도문을 자기만의 즉흥 변주곡처럼 만들어서 기도하였다고 한다. 이렇게 말씀을 묵상하며 기도하면 나의 생각이 주님을 바라보게 된다.

이 외에도 다양한 방법이 있다. 'A.C.T.S 기도'처럼 찬양(Adoration), 고백(Confession), 감사(Thanksgiving), 간구(Supplication)의 순서 등을 염두에 두고 그 순서를 따라 기도함으로써 지적인 흐트러짐을 예방할 수 있다.

혹은 기도를 성막의 지성소에 나아가는 것으로 생각해, 성막에 들어가는 과정을 염두에 두면서 기도할 수도 있다.

이와 같이 나름대로 기도의 지성을 조정하기 위한 방법을 연마해 두면 좋다. 비행기는 처음 이륙할 때는 정해진 활주로를 달리고, 이륙하고 나면 하늘을 날아다닌다. 비행기가 하늘을 날기 위해서는 우선적으로 정해진 활주로를 달려 이륙해야만 하는 것이다. 기도도 처음 이륙할 때는 나름대로 정해진 활주로가 있어야 한다.

나만의 활주로를 준비하라. 의지와 더불어 지성적인 활주로를 만들라. 그러면 보다 쉽게 기도의 이륙을 경험하게 될 것이다.

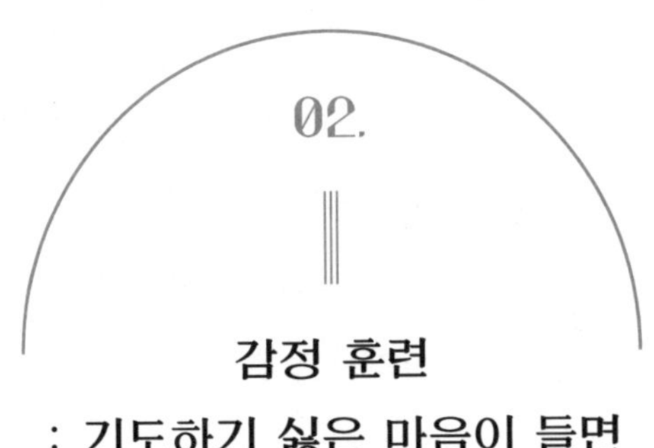

02.

감정 훈련
: 기도하기 싫은 마음이 들면 어쩌죠?

열정으로 타오르게 하라

지성이 중요한 만큼 기도에 있어서 중요한 것이 감정이다. 열정이다. 누군가가 이런 말을 했다. "지성은 우리를 산 아래까지 인도한다. 그다음에 경사진 비탈길을 오르게 하는 것은 열정적인 마음에 의해 촉구되는 근면한 의지다." 그러므로 기도에 있어서 마음, 즉 기도에 대한 열정과 열망은 진실로 중요하다. "기도할 의사가 없는 기도는 생명이 없으며, 생명을 주지 못하며, 죽어서 숨이 끊어진 상태다. 전쟁에 사용할 수 있는 도끼가 아니라 어린아이의 장난감에 지나지 않는다. 기도할 마음이 없는 기도는 투쟁의 시간에, 강렬한 전투의 시간에 무거운 짐과 방해물로서 승리의 순간에 후퇴를 명령할 뿐이다." 그러므로 열망으로 하는 기도가 얼마나 중요한지 모른다.

하지만 이 열망이란 우리의 열망이 아니다. 그것은 하나님이 주시는 열망이다. 성령 안에서 하는 기도의 특징은 바로 성령이 우리의 감정, 정서를 도우시는 것이다. 정서적으로 자극되면 기도하는 일이 얼마나 즐겁고 쉬운지 모른다. 시간 가는 줄 모르고 기도하게 된다.

문제는 감정이다

기도는 인격적인 지·정·의 활동이다. 그런데 이 세 가지 요소 중에 가장 문제가 되는 것이 바로 감정이다. 지금 손뼉을 한 번 쳐 보라. 할 수 있는가? 이 나라의 대통령이 누구인지 떠올려 보자. 생각나는가? 이제 눈물을 흘리자. 가능한가? 이번엔 슬퍼하자. 슬퍼지는가? 바로 감정이 문제다.

지성과 의지는 어느 정도 우리의 통제가 가능하다. 그러나 감정은 통제가 안 된다. 우리의 기도가 딜레마에 빠지는 부분이 바로 이 감정의 영역이다. 예배 중에는 말씀을 듣고 찬양하다가 감동을 받고 진실한 기도를 드리기도 한다. 그런데 그 감동이 일상생활에서는 느껴지지 않으니 문제다.

여행지에서 만나 사랑에 빠진 연인은 대개 일상으로 돌아오면 관계가 식는다. 왜 그럴까? 여행이라는 분위기에 들떠서 인격적이기보다는 낭만적인 교제를 했기 때문이다. 낭만적 분위기가 사라진 일상에서 보니 같은 매력을 느끼지 못한다. 이처럼 많은 성도가 하나님을 분위기 속에서만 만나다 보니 일상생활 속에서는 하나님이 낯설다. 찬양 집회에서는 눈물을 흘리는데 집회장을 나서면 마음이 냉랭해지는 젊은이들이 많다.

일상의 삶으로 돌아온 기도를 어렵게 만드는 부분은 바로 이 같은 감정의 영역이다. 그래서 어떤 날은 기도하고 싶고, 어떤 날은 기도하기가 싫다. 기도에 대한 설교를 듣고 '아, 그래! 이제부터 내 방에서 기도해야지' 하고 다짐했는데 집에 가면 이상하게도 기도하고 싶은 마음이 사라진다. 이제부터 '수요 기도회에도 나가고, 심야 기도회에도 참석해야지'라고 결심해도 이상하게 그때가 되면 가기가 싫어진다. 종잡을 수가 없다. 전에는 그 찬양이 그토록 감동적이더니 오늘은 별로 감흥이 없다. 이렇듯 기도 훈련에서 감정을 통제하고 잘 활용하는 기술이 바로 기도의 핵심이다.

지·정·의 중에 감정이 졸병임을 기억하라

먼저 우리는 반드시 지성과 감정과 의지의 각각의 계급을 알아야 한다. 의지는 대장, 지성은 중대장, 감정은 졸병이다. 우리가 슬픈 생각을 하고 슬픈 행동을 하면 마음이 슬퍼진다. 우리가 기쁜 생각을 하고 기쁨을 주는 행동을 하면 마음이 기뻐진다. 감정은 의지와 지성을 따라간다. 우리가 감정을 통제하려면 지성과 의지를 훈련해서 감정을 끌고 가야 한다.

농부가 밭을 갈고 씨를 뿌리면 하늘에서 비가 내려 열매가 맺히듯이, 지성과 의지로 기도의 밭을 갈고 씨를 뿌리면 어느덧 성령이 임재하신다. 그래서 기도가 쉬워지고, 시간 가는 줄 모르고 기도하다 보면 깊은 기도 가운데로 나아가게 된다.

나도 어느 날은 정말 기도할 힘도 없고 마음도 없을 때가 있다. 그래도 그냥 입을 열어 말하기 시작한다. 그러다 보면 나도 모르게 정서적으로 열정이 생기는 경험을 하곤 한다. 마음이 있으면 기도하는 것이 아니라, 먼저 기도하기 시작하면 마음이 생기는 것이다. 내 생각이 바르게 하나님께 집중하고, 내가 의지를 드려 기도하면, 반드시 감정이 따라오고 성령이 역사하신다.

어떤 면에서 우리의 의지와 지성은 성령을 기다리는 행위다. 왜냐하면 기도는 성령의 활동이기 때문이다. 오직 성령이 도우실 때만 우리는 기도할 수 있고 진정한 기도를 드릴 수 있기 때문이다. 신실하신 주님은 그렇게 의지와 지성을 다해서 주님을 찾으면 반드시 오셔서 기도를 도와주신다.

비행기 이륙의 원리를 기억하라

이는 마치 비행기가 날아가는 원리와 같다. 앞서도 비행기 이륙 원리를 설명했지만, 좀 더 덧붙인다. 양 날개에 엔진이 달린 비행기가 이륙하려고 한다. 비행기는 양 날개의 엔진을 최대로 가동한다. 힘껏 활주로를 달려서 하늘 높이 날아오른다. 비행기가 어느 정도 고도에 이르면 이제 양 날개가 바람을 타기 시작한다. 그러면 엔진을 전처럼 최대로 가동하지 않아도 된다. 바람의 도움을 받기 때문이다.

양 날개의 엔진이 바로 지성과 의지다. 우리는 기도를 시작할 때 지성과 의지의 힘을 최대로 동원해야 한다. 그렇게 기도하다 보면 어느덧 감정이란 기류를 탄다. 즉 성령의 도우심을 느낀다. 기도에 열정을 더해 가고, 기도의 영이 충만해지며, 입술은 더 쉽게 열리고, 생각이 믿음으로 충만해진다. 기도할 내용이 생각나고, 시간 가는 줄 모르고 기도하게 되며, 기도가 즐거움이 된다. 전에는 5분만 기도해도 할 말이 없었는데 이제 기도하는 한 시간이 5분처럼 느껴지는 경험을 하게 될 것이다.

그렇게 성령이 함께하실 때 우리의 감정은 매우 충만해진다. 기도하고 싶은 마음이 불타오르게 된다. 그때부터는 지성과 의지의 힘을 크게 들이지 않아도 매우 자연스럽고 편안하게 기도하게 된다.

성령이 기도를 도와주실 때 감정은 우리 편이 되어서 기도를 도와준다. 사랑에 빠진 연인이 시간 가는 줄 모르고 대화하듯이, 성령은 우리의 감정을 통해서 우리가 하나님과의 대화에 푹 빠져들게 하시는 것이다.

기도의 고도를 유지하라

보통 금요 기도회 등에 참석해 집중적으로 기도할 때는 기도의 고공비행을 경험한다. 성령의 바람을 느끼며 기도의 영이 충만해진다. 그렇게 기도의 고공비행을 했다면 하루 만에 갑자기 기도의 비행기가 땅으로 떨어지지는 않는다. 그러나 시간이 지나면서 점점 기도의 비행기가 하강하기 시작한다.

항상 우리의 문제는 주중에 모든 기도의 엔진을 꺼 버리고 착륙하는 것이다. 착륙은커녕 추락 혹은 불시착한다. 그러고 나서 또다시 금요 기도회나 기도의 자리에 가면 다시 기도의 이륙을 해 보려고 지성과 의지의 엔진에 불을 붙인다. 그리고 집에 가서 다시 착륙한다. 이렇게 이륙과 착륙을 반복하다 보니 기도 생활이 얼마나 힘들겠는가. 확신컨대 우리가 지성과 의지의 엔진을 하루 30분에서 한 시간 정도씩만 가동하면 기도의 비행기는 절대로 착륙하지 않는다.

물론 기도 시간에 따라 비행 고도의 차이는 있다. 어떤 이는 구름 위를 날아서 비가 오나 눈이 오나 해를 바라보면서 비행하는 기도의 사람일 것이다. 어떤 이는 가끔씩 구름 속으로 들어가서 헤맬 것이다. 어떤 이는 구름 아래에서 눈이나 비를 맞으며 흔들릴 것이다. 이것은 내가 얼마나 엔진 출력을 올려서 기도에 힘쓰느냐에 달려 있다.

하지만 내 경험으로는 하루에 최소 30분, 그리고 한 시간 정도만 기도의 무릎을 꿇고 개인 기도를 하면 기도의 침체는 절대로 오지 않는다. 기도의 감정도 사라지지 않고 어느 정도 고도를 유지할 수 있다. 늘 기도의 즐거움을 유지하면서 기도할 수 있게 된다. 그러므로 우리 안에 있는 기도의 불이 꺼지지 않도록 하자.

항상 성령 충만하고 성령을 근심하게 하지 말라

기도의 불이 꺼지지 않게 하려면 성령으로 충만하면 된다. 우리에게 기도를 가르쳐 주시는 분은 성령이시다. 성령의 은혜가 없으면 우리의 기도는 하늘로 올라갈 수 없다. 나 역시 어느 날 갑자기 성령으로 충만한 순간, 기도가 터졌다. 눈을 감았는데 5분도 기도하기 어렵던 내가 30분 이상 기도할 수 있는 사람이 된 것이다.

왜 그럴까? 성령을 통해서 우리가 하나님의 임재 아래 설 수 있기 때문이다. 우리의 속사람이 거듭나고 강건해지면서, 어린아이가 엄마를 알아보듯이 우리가 하나님을 알아보고 그분께 이야기하기 시작하는 것이다. 아바 아버지라고 부르게 된다. 그러므로 기도를 잘하려면 무엇보다 성령으로 충만해야 한다. 이미 거듭난 사람임에도 기도가 잘 안되는 사람은 성령으로 충만하지 못하기 때문이다. 은혜를 받아야 한다.

기도 시간에 잠이 들었던 제자들이 사도행전에서 갑자기 기도를 잘하게 된 이유가 무엇인가? 그들에게 성령이 임하셨기 때문이다. 그들은 늘 성령 안에서 기도하는 사람들이 되었다. 그러므로 기도를 배우는 핵심은 '우리가 얼마나 성령 안에서 기도할 수 있는가?'에 있다.

또한 성령을 인격적으로 섬기고 그분께 순종해야 한다. 우리 안에 계신 성령을 더 깊이 알아야 한다. 우리는 우리의 기도를 도우시는 성령을 더 깊이 알수록 더 깊이 기도하게 된다. 성령을 인정하고 성령을 인격적으로 모시고 초청하라. 성령을 늘 의지하라. 성령은 기도를 돕기 위해 우리 안에 계신다. 성령 충만을 호흡하라.

이를 위해 죄를 멀리하고 성령을 근심하게 하는 모든 일에서 떠나라. 성령의 감동을 소멸해서도 안 된다. 우리 안에 기도의 불꽃이 타오르는 것을 가장 싫어하는 존재는 마귀다. 그러므로 마귀는 반드시 우리 안에 있는 성령의 불꽃을 빼앗기 위해서 유혹의 불꽃을 던질 것이다. 그럴 때 조심해야 한다. 마귀는 아름답고 매혹적인 것으로 가장하여 다가온다. 거기에 넘어가면 들릴라의 품에 안긴 삼손처럼 모든 능력을 빼앗기고 만다. 우리가 그토록 소중하게 터득한 기도의 보물을 빼앗기고 삼손처럼 눈이 뽑힌 채 맷돌이나 돌리는 비참한 신세가 될 것이다.

그러므로 요셉을 기억하라. 요셉은 애굽에서도 늘 하나님과 함께하는, 성령으로 감동된 사람이었다. 그러한 그를 넘어뜨리려고 보디발의 아내가 유혹했지만 그는 도망했다. 감옥에 들어갈지언정 요셉은 결코 하나님을 잃어버리지 않았다. 우리 안에 계신 성령의 소중한 불꽃을 세상의 달콤함에 팔아 버리지 말라. 성령 안에 거하는 사람들은 성령이 근심하시는 생각을 느낀다. 그러면 곧바로 돌아서야 한다. 성령을 근심하게 하는 것은 결코 보지도 말고, 만지지도 말고, 듣지도 말고, 가까이 가지도 말라. 늘 거룩하게 살라.

육체의 예감과 성령의 감동을 혼동하지 말라

아침에 방영되는 막장 드라마를 보면서 아내가 불길한 예감으로 남편을 의심하는 것은 육체의 예감이다. 의심이 의심할 상황을 불러온다. 성령의 감동을 그러한 육체의 예감과 혼동하지 말라.

죄악에 길들여진 우리 몸이 성령의 감동을 느끼는 도구가 되기란 그렇게 쉬운 일이 아니다. 그러나 우리가 지성과 의지를 드려서 꾸준히 기도의 훈련을 하면 어느덧 성령이 우리 몸을 도구로 사용하신다. 그래서 우리의 정서를 주장하시고 우리의 예감을 사용하신다.

당신이 이처럼 훈련된 기도와 말씀의 사람이 아니라면 함부로 자신의 생각을 성령의 감동이라고 말하지 말라. 한때 은혜가 넘쳐 은사를 받았어도 지금 성령께 온전히 사로잡혀서 자신을 절제하고 거룩하며 기도하는 삶을 살고 있지 않다면 당신은 성령의 사람이 아니다.

그러나 당신이 지금 늘 기도하며 기도의 불꽃이 살아 있다면 성령이 이제 때때로 당신의 마음에 기도의 부담을 주실 것이다. 그럴 때 성령의 감동에 순종해 기도해야 한다. 어떤 때에는 이유를 알 수 없어도 기도해야 한다는 부담감을 느껴 마음이 불안할 수 있다. 그런 경우 마음에 평강이 올 때까지 기도해야 한다. 그러면 성령이 마땅히 기도할 바를 알지 못하는 우리를 위해 말할 수 없는 탄식으로 도와주신다.

뉴욕 근처에 살던 한 여인에게 일어난 일이다. 그녀는 약 20년 전의 일을 회상하면서 여전히 두려움에 몸을 떨었다. 그녀는 늦은 밤 빨리 귀가하기 위해서 가로등이 없고 가파른 지름길을 택했다. 순간 뒤에서 빠른 발걸음 소리가 들리는가 싶더니 금세 한 남자가 다가와 그녀의 목에 걸쳐 있던 줄무늬 스카프로 목을 조르며 겁탈하려 했다. 그때 집에서 깊은 잠에 빠져 있던 그녀의 어머니가 딸에게 끔찍한 일이 일어나고 있다는 직감에 눈을 번쩍 떴다. 어머니는 즉시 침대에 꿇어앉아 15분 동안 딸을 위험에서 보호해 달라고 하나님께 간청했다. 하나님이 자신의 간청을 충분히 들으셨다고 확신한 어머니는 다시 평온하게 잠들었다. 바로 그 시간 길거리에서는 강간기도범이 갑자기 동작을 멈추고 짐승처럼 머리를 쳐들더니 언덕 아래로 달아났다.

하나님은 이처럼 위험한 일이 닥칠 때도 기도하게 하시지만, 어떤 놀라운 축복과 사건을 예비하실 때도 기도의 부담을 주어 기도하게 하신다. 그러므로 성령이 기도의 부담을 주실 때는 그 감동과 부담이 완전히 사라질 때까지 충분히 기도하라. 그러면 당신의 삶에 놀라운 일들이 일어날 것이다.

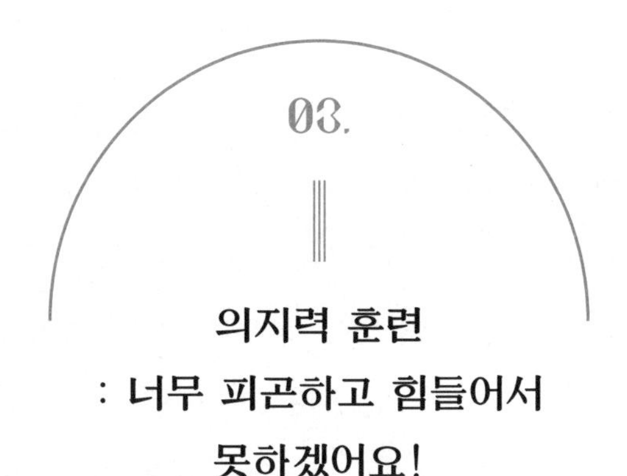

의지력 훈련
: 너무 피곤하고 힘들어서 못하겠어요!

강력한 의지로 기도하라

마지막으로 의지력 훈련이 남아 있다. 앞서 의지가 대장이라고 언급했다. 마음과 생각이 둔감하고 감정이 메말라도 의지라는 대장이 끌고 가야 한다. 생각이 꾀를 부리고 감정이 싫다고 응석을 부려도 의지가 대장이기 때문에 명령하면 어쩔 수 없이 끌려오게 되어 있다. 우리 몸은 주님을 위한 의의 병기다. 그러므로 육신이 꾀를 부리면 엄히 꾸짖어 몸을 주님께 드릴 수 있도록 의지가 명령해야 한다.

그런데 주객이 전도되어 몸이 상전이고 주인 노릇을 한다. 육신이 피곤하다 하면 '육신님이 피곤하시다' 하며 그만 기도한다. '육신님이 무릎이 아프시다', '육신님이 머리가 어지러우시다', '육신님이 배가 고프시다' 하며 육체가 원하는 대로 산다. 그러면 절대로 기도 생활을 할 수가 없다. 강력한 의지를 가지고 주님의 뜻대로 나아가야 하는 것이다.

이블린 언더힐은 이렇게 말했다. "사실 우리의 지성과 감정을 통제하기 어렵다. 때로는 지적으로 둔해지고 감정적으로 메마른다. 우리의 의지를 확고하게 하나님께 고정시키고 꾸준하고 치우침 없이 하나님께로 향하게 하는 것, 바로 이것이 기도의 핵심이요, 기도의 기술이다. 아무리 좋은 신학 사상이라 해도 이내 부적당한 것이 되고 말 것이요, 아무리 영적인 감정이라 할지라도 잔잔한 바다 위의 미풍에 불과한 것이다. 그러므로 배가 목적지에 도착하려면 바람을 거슬러 항해할 준비가 되어 있어야 한다."

기도할 마음도 없고 다른 생각만 난다 해도 일단 무릎을 꿇고 목소리를 내고 기도하겠다고 결심하고 버텨라. 노력하고 견뎌라. 그러면 어쩔 수 없이 지성과 생각이 따라오고, 감정이 따라오고, 성령이 역사하시기 시작한다. 하나님이 도와주신다. 그러므로 기도하겠다는 결단을 내려야 한다. "내가 기도하리라!" 하고 의지로 명령을 내려라!

의지력 훈련은 어떻게 할까?

결국 의지력이 기도를 끌고 간다. 운동으로 말하면 지성은 기술에 속하고, 의지는 체력에 속한다. 체력이 있어야 기술이 통한다. 내가 기도의 무릎을 꿇지 않는다면 기도에 대한 지식은 무의미하다. 그렇다면 의지는 어떻게 훈련할까?

위대한 기도의 사람들의 특징은 기도가 습관이었다는 것이다. 그러므로 의지력 훈련의 초점은 기도를 습관화하는 데 두어야 한다. 습관이란 무의식에 행동 패턴을 새겨 넣는 행위다. 습관을 바꾸는 것은 꽤 고통스럽다. 그러나 스포츠를 배우든, 악기를 배우든, 외국어를 배우든 가치 있는 기술을 습득하는 과정은 예외 없이 피나는 의지 활동을 필요로 한다. 하물며 우리 몸이 기도라는 아름다운 소리를 내어 삶에 기적과 은혜를 가져오게 하는 기술을 습득하는 것인데, 어찌 대가 없이 주어지겠는가.

그러면 어떻게 기도 습관을 만들 수 있을까?

자신에게 맞게 기도하기 시작하라

운동도 자기 몸에 맞게 시작해서 점점 운동량과 강도를 늘려 가야 한다. 기도도 마찬가지로 자기 수준에서 시작해야 한다. 처음에 기도를 많이 하고 싶어도 잘 안된다. 그러므로 낙심하지 말고 내가 할 수 있는 만큼 기도 시간을 정하고 꾸준히 기도하는 것이 중요하다. 많이 기도해야 한다는 부담감 때문에 기도를 안 하느니 '하루에 5분 기도하겠다'는 마음으로 무릎을 꿇으라. 그러면 그 작은 결심을 시작으로 결국 기도의 깊은 곳으로 나아가게 된다.

시간을 정해 놓고 최소한 그 시간을 꼭 지켜야 한다. 거기서부터 시작하면 된다. 자세한 방법은 다음 기도 습관 만들기 부분에서 구체적으로 이야기하겠다.

매일 기도했느냐가 중요하다

일주일에 하루 철야 기도를 하는 것보다 매일 30분씩 일주일 기도하는 것이 훨씬 효과적이다. 일주일에 하루 왕창 기도하면 일단 기도가 체질화, 습관화되지 않는다. 오히려 몸에 무리가 가서 몸살이 난다.

나는 젊은 날에 매우 열정적으로 오래 기도했다. 그러나 나의 초점은 많이 기도하는 것이었지, 기도 습관을 만드는 것이 아니었다. 때로는 경쟁적으로 남보다 많이 기도해야 한다고 생각해서 금요 철야 기도회를 할 때면 누구보다 더 오래, 더 열정적으로 기도했고, 함께 산 기도를 가면 가장 높은 곳에 올라가서 가장 늦게 내려왔다. 물론 그러한 열심이 유익을 준 것은 사실이다. 그러나 남들의 눈에 그처럼 두각을 나타냈음에도 불구하고 기도 생활이 매일의 삶 속에 정착된 것은 그 후로 오랜 세월이 지나서였다.

당시 나의 기도는 마치 운동하는 사람이 자신의 체력은 생각지도 않고 하루에 몇 시간이나 운동하고 일주일을 앓아눕는 것과 비슷했다. 지금 생각해 보면 '꾸준히 하루 30분 이상 매일 기도하는 것'을 목표로 기도를 체질화했다면 더 효과적이었을 것 같다. 기도 생활은 단거리 이벤트가 아니다. 평생에 걸쳐서 해야 하는 장거리 마라톤이다. 그러므로 매일 꾸준히 기도하는 습관을 체득한 사람이 결국 인생의 승자가 된다.

교회를 개척하고 처음에는 새벽 기도회 시간에 한 시간

기도하기가 힘들었다. 그러나 일 년쯤 지나자 어느덧 한 시간 반을 기도할 수 있었다. 그러다 보니 이제는 한 시간 반도 금방 지나가서 두 시간도 쉽게 기도할 수 있다. 적은 시간이지만 정해 놓고 매일 기도하다 보면 자연스럽게 기도하는 시간이 늘어난다.

═ 질은 떨어져도 양은 채운다

기도 시간을 정했으면 비록 졸더라도 그 시간에 앉아 있으라. 처음에는 기도하기가 매우 어렵다. 정신 집중이 안되고 육체가 싫어한다. 그래도 정한 시간 동안 앉아 있으면 얼마쯤 시간이 지나 차분히 가라앉는 기분을 느끼게 된다. 이렇게 기도의 습관, 그릇을 만들면 어느덧 질적으로 채워진다.

운전 기술처럼 우리는 몸이 기억한 것은 잊어버리지 않는다. 그래서 몸이 기억하기 위해서 무릎 꿇고 앉아 있는 훈련부터 해야 한다. 그것이 자연스럽게 되도록 말이다. 처음에 새벽 기도를 할 때는 체력적으로 너무 피곤하기도 했지만, 일주일에 절반은 앉아서 졸거나 횡설수설했다. 그때는 기도의 그릇에 기도의 질을 절반도 못 채웠던 것

같다. 그럼에도 졸더라도 앉아서 그 시간을 채웠다. 그렇게 훈련하다 보니 이제는 앉아 있는 것이 쉽고 그 시간의 95% 이상이 생명력 있는 기도로 채워진다. 양이 질을 낳는다.

그러므로 처음에는 힘들어도 꾸준히 시간을 지켜야 한다. 운동을 하루 이틀 하고서는 왜 근육이 안 생기고 살이 안 빠지냐며 운동은 효과가 없다고 한다면 어리석은 태도다. 기도를 이제 시작하면서 당장 기도 효과가 나타나지 않는다고 포기해서는 안 된다. 기도를 꾸준히, 의지력을 가지고 계속하다 보면 점차 가속도가 붙고, 어느 날 갑자기 눈앞에 망망대해가 펼쳐지듯이 영안이 열리고 성령의 바람이 느껴지게 되는 것이다. 절대 포기하지만 말고 매일 매일 기도 시간을 채우라.

STEP 1 핵심 내용

나눔

1. 지성을 하나님께로 가다듬는 방법에 제시된 기도들을(단문 기도, 숨 기도, 전신갑주 기도, 주기도문 기도, A.C.T.S 기도) 차례대로 실천해 보고 자신에게 가장 잘 맞는 방법을 찾아보라.

2. 정말 기도할 힘도 없고 마음도 없을 때 그래도 기도하려면 어떻게 해야 할까? 혹 나만의 방법이 있는가?

3. "기도의 불꽃 유지하기"라는 주제에 대해 다양한 방법을 나누어 보고 변화가 필요한 영역이 있다면 다짐을 적어 보라.

4. 기도는 성령의 영역이다. 어떤 점에서 그런지 기도와 성령의 관계를 지·정·의와 관련해 나누어 보라. 나의 기도 생활에 성령이 충만하게 임재하시기를 적극적으로 구하라.

응답받는 기도 훈련

- 지성을 하나님께로 가다듬는 훈련
  1. '코끼리 코 고정하기 훈련': 말씀 묵상(QT)
  2. 단문 기도, 숨 기도, 전신갑주 기도, 주기도문 기도, A.C.T.S 기도
  3. 경건 서적 읽기

- 열정적인 기도를 위한 감정 훈련
  1. 의지는 대장, 지성은 중대장, 감정은 졸병임을 기억하고 의지와 지성을 앞세우라.
  2. 지성과 의지의 힘을 최대로 동원한 후 감정의 기류를 타라.

3. 매일 30분-1시간 기도로 기도의 고도를 유지하라.
4. 성령으로 늘 충만하고 성령을 근심하게 하지 말라.

● 기도를 습관화하는 의지력 훈련

1. 일주일에 한 번 철야보다 매일 30분 기도하라.
2. 정해 놓은 기도 시간이 끝날 때까지 졸더라도 무조건 앉아 있으라. 양이 질을 낳는다.
3. 절대 매일의 기도 시간을 포기하지 말라.

● 응답받는 기도를 위한 나의 지·정·의 기초 훈련

- To do List

지성	감정	의지

- Not to do List

지성	감정	의지

● 나만의 기도문 작성하기

- 단문 기도 :
- 숨 기도 :
- 전신갑주 기도 :
- 주기도문 기도 :
- A.C.T.S 기도 :

STEP 2

응답받는 기도를 위한

기도 습관 만들기

동일한 장소에서 꾸준히 하나님을 만나면
그곳이 거룩한 장소가 되고,
그곳에 천국의 공기가 충만하고,
하늘의 사자들이 찾아온다.

_E. M. 바운즈

04. 시간과 장소를 구체적으로 정하라

나만의 기도 시간과 장소를 정하라

기도 시간을 새롭게 하려면 제일 먼저 지켜야 할 지침이 있다. 먼저 기도 시간과 장소를 구체적으로 정해야 한다. 위대한 기도의 사람들에게 있었던 중요한 기도의 실천적인 요소가 바로 시간과 장소를 구분했다는 것이다.

"제구시 기도 시간에 베드로와 요한이 성전에 올라갈새"(행 3:1). 사도들을 보라. 그들은 제구시 기도 시간에 성전으로 기도하러 갔다. '제구시'는 오늘날 시간으로 오후

3시를 말한다. 그때만이 아니다. "그때에 베드로가 기도하려고 지붕에 올라가니 그 시각은 제육시더라"(행 10:9하). 베드로는 '제육시', 지금 시간으로 낮 12시에 기도하러 지붕에 올라갔다. 사도들에게는 정해진 기도 시간과 장소가 있었다. 유대인들은 우리 시간으로 오전 9시, 정오 12시, 오후 3시에 기도를 했다. 그들은 일과 시간 중에 일을 멈추고 정식으로 기도하는 시간을 가졌다.

정해진 시간과 장소를 삶의 우선순위로 지키라

우리가 시간의 우선순위를 지키면 나머지 시간은 주님이 지켜 주신다. 우리가 누군가를 만나려면 어떻게 하는가? 먼저 그 사람과 함께 시간과 장소를 정한다. 특별히 사업상 중요한 사람이라면 모든 우선순위를 그와의 약속에 두지 않겠는가. 그 사람과 분위기 좋게 대화할 수 있도록 정성스럽게 장소도 마련할 것이다.

마찬가지다. 기도는 우리의 특권이다. 우리의 창조자요 통치자께서 우리를 만나 주시는 시간이다. 이 만남은 우리에게만 주어진 시간이다. 이 시간에 주님은 우리의 모든 필요와 요청을 들어주신다. 이 소중한 만남을 위해 우리가 특별한 시간과 장소를 정하지 않는다면 주님의 호의를 무시하고 가볍게 여기는 태도와도 같다. 그러므로 시간과 장소를 정해 주님을 만난다면 우리의 영적 생활은 매우 부요해질 것이다.

은밀한 장소를 위해
일상에서 한발 물러서라

우리가 기도하는 장소를 정하지 못하면 우리의 영혼도 방황한다는 사실을 알아야 한다. 시간과 장소가 정해져 있으면 망설임과 주저함을 줄이고 보다 쉽게 기도의 자리로 나아갈 수 있다.

나는 군대 시절에 영적으로 가장 큰 어려움을 겪었다. 바로 기도 시간과 장소를 정할 수 없었기 때문이다. 또 결혼 전에 가족과 작은 집에서 살았는데, 아버지가 일찍 일어나 늘 텔레비전을 켜셨다. 아침에 일어나서 큐티하고 기도를 해야 하는데 방해를 받은 것이다. 그래서 할 수 없이 일찍 집에서 나와 도서관으로 가야 했다. 조용히 묵상하고 기도할 수 있는 시립도서관에 자리를 잡기 위해 애쓰던 일이 생각난다. 오로지 묵상 하나를 위해서 도서관에 간 적도 많았다.

물론 기도는 아무데서나 할 수 있다. 하지만 그래도 언제나 무릎 꿇고 기도할 수 있는 자리가 있어야 한다. 그곳에 하나님과 내가 단둘이 대화하던 추억이 깃들어야 한다. 바로 그곳이 우리 인생의 발전소요, 능력을 여는 통로가 되는 것이다.

영적인 사람 다니엘에게도 규칙적으로 기도하는 곳이 정해져 있었다. 그래서 사람들이 그가 기도하는 곳을 알았다. 예수님께도 습관적으로 기도하시는 한적한 동산이 있었다. 베드로도 성전이나 지붕에서 기도했다. 예수님은 우리에게 골방에 들어가서 기도하라고 하셨다. 하나님과 함께하는 은밀한 장소가 필요하다는 것이다.

특별히 동일한 장소를 반복적으로 사용하면 기도에 몰입하는 데 많은 도움이 된다. 낯선 곳에 가서 눈을 감으면 일단 주변 환경이나 지형이 익숙하지 않아 집중하기가 쉽지 않다. 그러나 습관적으로 기도하는 곳에는 우리가 주님과 충만한 은혜를 나눈 기억과 과거에 받은 응답의 기억들이 묻어 있어서 기도하고 싶은 마음을 더욱 증진시킬 수 있다.

윌리엄 부스(William Booth)에게는 즐겨 찾는 숲이 있었다. 존 플레처(John Fletcher)에게는 그가 기도하면서 내뿜은 입김이 얼룩으로 남아 있는 골방이 있었다. 사무엘 러더포드(Samuel Rutherford)도 숲속의 한 장소를 자주 찾아가 하나님과 씨름했다. E. M. 바운즈(E. M. Bounds)의 말을 들어 보자. "동일한 장소에서 꾸준히 하나님을 만나면 그곳이 거룩한 장소가 되고, 그곳에 천국의 공기가 충만하고, 하늘의 사자들이 찾아온다." 얼마나 멋진가! 그래서 우리가 예배당에서 기도할 때 마음이 잘 열리는 것이다.

만약 집에서 기도할 상황이나 여건이 안 된다면 새벽 기도회에 나오면 좋다. 교회 내 개방된 기도 장소를 적극적으로 활용하라. 나는 당신에게 예배당이 언제나 하나님께 집중하여 기도할 수 있는 공간이 되었으면 좋겠다. 항상 교회에 오면 기도할 수 있는 장소를 찾으라.

개인적인 공간이 보장되지 않는다면 차를 타고 운전할 때를 이용할 수도 있다. 매일 홀로 출근하는 자동차 안처럼 좋은 기도실은 없다. 사무실에서 기도하기 어려우면 기도문을 쓰라. 매일 기도문을 쓰면서 속으로 기도할 수 있다.

방해받지 않고 만날 시간을 위해 규칙을 정하라

우리가 일상에서 물러나 기도할 장소를 찾았다면 동시에 시간도 정해야 한다. 방해받지 않고 하나님과 만날 시간이 필요하다. 물론 우리는 수시로 하나님께 기도하러 나가야 한다. 그리고 여기에 정해 놓은 나만의 규칙적인 기도 시간도 있어야 한다. 사람들이 나를 많이 찾고 전화가 자주 오는 시간이라면 기도에 집중하기가 어렵지 않겠는가.

기도에 집중하지 못하도록 방해하는 모든 요소를 제거해야 한다. 가정에서 기도한다면 어디에서 몇 시에 기도할지 먼저 결정하고 약속하라. 되도록 스마트폰은 꺼 두거나 멀리 두라. 곁에 메모지와 펜을 준비하고 머릿속에 급한 일이 떠오르면 적어 두라. 나중에 처리하면 된다. 또는 아이디어가 생각난다면 그것도 적어 두라. 적어 둠으로써 기도를 방해하는 요소에서 자유로워질 수 있다. 개인적인 시간을 내기가 어렵다면 정기적으로 기도회에 참여하는 것도 좋다.

가장 귀한 시간을 주님께 드리라

사람들이 새벽에 기도하는 이유는 그 시간이 가장 방해받지 않고 주님을 만날 수 있는 시간이기 때문이다. 주님도 이른 새벽에 기도하지 않으셨는가. 새벽은 가장 고요하고 맑은 정신으로 주님께 집중할 수 있는 순도 높은 시간이다. 우리는 가장 소중한 분과의 만남을 위해서 가장 귀한 시간을 드려야 한다. 그래서 다윗도 새벽에 하나님을 찾았다. 예수님도 새벽 미명에 기도하러 한적한 곳으로 가셨다.

로버트 맥체인(Robert McCheyne)은 이렇게 말했다. "하루를 시작할 때 하나님을 찾지 않는 것은 비성경적인 잘못된 생활 방식이다. 새벽 첫 시간은 다른 것들에 방해받지 않는 가장 고요한 시간이므로 기도에 투자해야 한다." 조셉 얼라인(Joseph Alleine)은 매일 새벽 4시에 일어나 오전 8시까지 기도하고 묵상했는데, 가끔 자신보다 먼저 일어나 세상일을 위해서 일하는 소리를 들을 때면 "내가 섬기는 주님보다 저들의 주인이 더 존귀하다는 말인가? 참으로 부끄럽다"라고 중얼거렸다고 한다.

마음에 불타는 소원이 있는 사람은 잠자리에 오래 누워 있을 수가 없다. 새벽에 깨어 하루의 첫 순간부터 하나님을 만나야 한다.

기도 습관을 삶의 중심으로 뿌리내리라

하나님은 우리의 중심을 보신다. 겉으로 드러난 행동이 아니라, 우리 속에 있는 중심의 뿌리에서 흘러나온 행동인지 관심을 두고 보신다. 중심 있는 삶이란 하나님을 우선으로 두는 삶이다. 중심 있는 삶이란 하나님과 교제하고 기도하는 삶이다.

그런데 매주 주일 예배를 드리고 식사 시간마다 감사 기도를 드린다고 해서 하나님을 우선으로 둔 중심 있는 삶을 사는 것이라고 말할 수 있겠는가? 중심 있는 삶에는 하나님도, 우리도 확증할 수 있는 증거가 있다. 바로 정해진 기도 시간이 그 구체적인 증거다. 시간을 투자하지 않고 중심이 있다고 말할 수 없다.

누군가 "당신의 기도 시간은 언제입니까?"라고 묻는다면, "나의 기도 시간은 ○○입니다"라고 답할 수 있어야 한다. 하나님의 사람들은 그렇게 답했다. 위대한 하나님의 사람들의 전기를 읽어 보면 가장 두드러진 것이 바로 그들의 기도 시간에 대한 분명한 언급이다. 그들은 일평생 살면서 기도 시간을 항상 지킴으로 중심을 가지고 살았다.

또한 하나님을 중심으로 산다면 그 하나님을 즐겨 만나

는 장소가 있어야 한다. 우리가 데이트하던 때를 떠올려 보라. 사랑하는 이와 갔던 곳은 더욱 잘 기억한다. 그만큼 그 만남이 중요했다는 의미다. 성경에서도 족장들이 하나님께 제단을 쌓았던 곳은 반드시 기억한다. 그 장소를 중심으로 삶이 움직이기 때문이다.

기도의 처소는 우리 삶의 중심을 잡아 주는 자리다. 그 자리에서 언제나 중심을 잡는 일이 생긴다. 우리 삶이 흔들릴 때 찾아갈 수 있는 정비소다. 삶이 고장 나면 정비소에 가서 수리하고 금방 회복할 수 있다. 당신은 삶이 흔들릴 때 갈 곳이 있는가? 고장이 났는데 정비할 곳을 찾지 못해 우왕좌왕하지는 않는가? 기도의 장소는 바로 그런 곳이다. 기도하는 장소가 있는 자는 중심이 있는 사람이다.

삶의 중심을 기도에 두라. 언제나 기도하러 갈 수 있는 장소가 있다면, 그곳에만 가면 늘 주님을 만날 수 있다면 그 사람은 행복한 사람이다.

05.

5분이라도 매일 기도하라

기도는 어려울 때 잠깐 하고 마는 게 아니다. 기도를 말할 때 항상 나오는 구절로, '항상 쉬지 말고 기도하라'가 있다. 다윗도 평생 기도하리라고 했다(시 116:2). 자신의 기도가 항상 주님께 올려지는 아침 제사 같게 해달라고 하였다. 이처럼 우리의 초점은 어떻게 평생 쉬지 않고 기도할 것인가에 있어야 한다. 어떻게 평생 꾸준히 기도하는 사람이 될 수 있을까? 내가 단언컨대 다음과 같은 방법으로 하면 아주 쉽다. 꼭 따라서 해 보라. 기도가 습관이 될 때 인생에 어떤 축복이 오는지 경험할 수 있을 것이다.

하루도 빠지지 말고 기도하라

기도 습관을 만들 때 가장 중요한 점은 '얼마나' 기도하느냐가 아니라, '매일' 꾸준히 기도하느냐에 있다. 기도 습관이 안된 사람에게 "몇 시간씩 기도하라", "산에 올라가서 소나무를 뽑아라" 등의 가르침은 마치 처음 헬스장에 간 사람에게 10시간 동안 근육 운동을 하라고 하는 것과 같다. 한 번 하고 나면 몸살이 나서 뻗어 버릴 것이다. 무엇이든지 몸에 유익하려면 습관이 되어야 한다. 그런 면에서 오늘 몇 시간 기도했는지보다 매일 하루도 안 빼고 기도했는지가 더 중요하다.

5분은 무조건 채우라

그러므로 거창한 결심이 아니라, 하루에 5분씩 매일 기도하겠다는 결심을 하라. 뭐든지 자기 수준에서 시작해야 한다. 어느 날 한 번 하고 말 것이 아니라 매일 평생 할 것이라면 자기 수준에서, 자기가 할 수 있는 만큼에서 시작해야 한다.

얼마 전 "매일 운동하는 습관을 기르기 위해서 하루에 스쿼트 한 개만 하라"고 조언하는 기사를 보았다. 매우 지혜로운 조언이라고 생각한다. 자세 잡고 스쿼트를 한 개 하면 이왕 한 김에 두 개, 세 개를 더 할 수 있다. 그러므로 '한 개만 하겠다'는 생각으로 시작하면 된다.

마찬가지다. 자세 잡고 5분만 기도하겠다고 결심해 보라. 우리가 하고자 하면 5분은 기도할 수 있다. 단, 5분은 꼭 채우겠다는 마음이어야 한다. 그런데 딱 5분만 기도하기가 점점 어려워지는 경험을 하게 될 것이다. 어떤 사람이 와서 "바쁘면 딱 5분만 이야기합시다" 하고 시작했는데 막상 이야기가 시작되면 10분이 지나고, 30분이 넘은 경험이 다 있을 것이다. 기도도 막상 5분으로 시작했지만 하다 보면 5분으로 끝내기엔 하나님께 드릴 말씀이 너무 많다는 것을 알게 된다. 그럴 때는 굳이 5분만 기도할 필요 없다. 얼마든지 기도하라. 여기서 강조하는 바는 시작할 때 '일단 딱 5분만 하자'는 마음으로 하라는 것이다.

그렇게 매일 5분씩 하루도 안 빼고 기도하다 보면 평균적으로 10분씩 매일 기도하는 일이 자유로워진다. 점점 평균 기도 시간이 늘어난다. 어느덧 매일 30분 기도하는 사람이 된다. 그런데 이 30분 기도 습관은 잘 무너지지 않는다. 왜냐하면 5분부터 꾸준히 시작했기 때문이다.

기도하는교회 박종훈 목사님은 집사 시절부터 하루 7시간 매일 기도하기로 유명하다. 은행에서 근무했는데 저녁 8시에 자고 밤 11시에 일어나서 아침 6시까지 매일 기도했다. 처음에는 30분씩 기도했는데, 매일 기도하다 보니 점점 늘어나서 7시간까지 기도할 수 있게 되었다고 한다. 그분 역시 기도 시간이 매일 30분씩 차근차근 쌓여서 7시간이 되다 보니 그 긴 시간 기도하는 일이 어렵지 않게 된 것이다.

그러므로 시작은 너무 간단하다. 매일 5분만 기도하기로 결심하면 된다. 아무리 피곤해도 5분만 기도하라! 실제로 해 보면 5분 기도가 결코 짧지 않다. 미리 준비만 한다면 5분은 내 긴급한 마음의 근심과 기도를 아뢰기에 충분한 시간이다. 이를 위하여 다음 지침을 기억하라.

기도 수첩을 마련해 기도 제목을 작성하라

5분의 시간이라도 알차게 기도하려면 기도 수첩을 활용하는 것이 좋다. 꼭 종이 수첩이 아니라도 '원노트', '에버노트' 같은 스마트폰 메모 앱을 이용해도 좋다. 기도 중에 스마트폰 앱을 사용할 경우 비행기 모드 상태로 두면 방해받지 않을 수 있다.

나는 원노트를 이용한다. 먼저 내가 꼭 기도해야 하는 중요한 기도 제목들을 수첩에 적는다. 그리고 마음을 사로잡는 염려거리가 생기면 먼저 그것을 마음에서 기도 수첩으로 옮겨 적는다. 아주 사소한 일이라도 내 마음과 생각에 남아 있는 모든 염려를 기도 수첩으로 옮긴다.

이렇게 구체적으로 기도 제목을 작성하면, 매일 5분씩 기도할 때 무슨 말을 해야 할지 몰라 망설일 필요가 없다. 매일 기도 수첩을 펼치고 그 기도 제목을 읽기만 해도 된다.

매일 기도하면 어떤 일이 생기는가?

기도 수첩을 만들고 그 내용을 소리 내어 읽으며 매일 5분씩 기도할 때, 우리는 주님과 대화하는 습관을 만들 수 있다. 기도 시간도 점점 늘어나기 시작할 것이다. 이렇게 매일 드리는 기도는 어떤 유익이 있을까?

우리가 일이 있을 때만 기도하면 그 기도의 능력은 그때그때 고갈되어 버린다. 하지만 매일 드리는 기도는 그날의 능력이 되고 남은 은혜를 삶 속에 저장한다. 매일 기도하면 우리 안에 점점 은혜가 깊어지고, 기도의 용량이 커지고, 능력이 쌓인다. 어떤 분야에서 1만 시간을 돌파하면 전문가적 소양이 생기고 새로운 차원이 열린다고 한다. 이렇듯 기도를 습관적으로 매일 하면 기도의 차원이 달라진다. 둑에 물이 쌓이면 어느 임계점에서 둑을 무너뜨리듯이, 기도의 용량이 커져서 결국 삶의 한계를 돌파하는 삶을 살게 된다. 그래서 이전에는 할 수 없었던 일을 할 수 있게 된다. 위기를 넘기고 사명의 산을 넘는 능력은 하루아침의 기도로 생기는 것이 아니다.

어떤 한계 앞에 서면 늘 뒤로 물러나는 사람이 있다. 그 한계를 돌파하려면 기도해야 한다. 한계를 돌파하는 능력은 오직 습관화된 기도에서 흘러나온다.

내 삶은 한계투성이였다. 나는 어려서부터 가난하고 몸

도 약했다. 아버지의 반대를 무릅쓰고 신학교를 갔지만, 폐결핵이 찾아왔다. 합병증으로 불면증과 여러 질병에 시달렸다. 늘 장애물이 내 길을 가로막았고 나는 번번이 그 한계에 넘어졌다. 돌아보면 그 한계를 이겨낸 힘은 기도였다.

20대에 예수님을 처음 만나 매일 저녁 텅 빈 예배당에 들러서 기도를 드렸다. 고통 속에 주님만 더욱더 바라보고 축복을 구할 때 주님은 내 삶에 새로운 문을 열어 주셨다. 그래서 30대에 사랑의교회와 고 옥한흠 목사님을 만났다. 그 시기에 영성 훈련 사역을 하면서 기도에 전념할 수 있었다. 청년들과 열심히 기도하고, 365일 기도하는 중보 기도 사역자들을 양성하고, 매주 금요 심야 기도회를 인도하였다.

40대에는 교회의 지원으로 개척할 수 있는 축복이 주어졌다. 개척 후에도 변함없이 매일 새벽 무릎을 꿇었다. 중보 기도단을 조직하여 일 년 365일 기도 체인을 이어 갔다. 그렇게 기도한 끝에 내 나이 50대에 하나님은 지금의 광교 신도시에 교회 건축을 허락하셨다.

건축 후 교회가 급성장하면서 사역이 바빠지자 기도가

약해짐을 느꼈다. 다시 기도 사역팀을 조직하여 매일 5분씩 하루 3번 주기도문의 정신을 따라 하나님의 나라를 위해 함께 기도하였다. 그렇게 기도 사역자들과 온 교우들이 기도에 전념하면서 다시 10년이 지났다. 하나님은 이번에는 다음 세대와 지역 사회 사역을 위한 빌딩을 허락하셨다. 학교도 운영하며 지역 사회와 세계 선교의 지경을 넓히기 위한 발판을 마련해 주신 것이다.

돌아보면 모두 기도 덕분이다. 우리가 전심으로 하나님께 매일 같이 기도할 때 하나님은 그 한계를 뛰어넘게 하셨다.

이렇게 매일 습관적으로 기도하다가 내가 눈을 감는다면, 쌓인 기도가 후대까지 영향을 미칠 것이라고 확신한다. 사역할 때뿐 아니라 평생 하나님께 매일 기도하는 모습이야말로 진정으로 하나님을 경외하는 모습이기 때문이다. 부모가 기도에 전념하면 아브라함처럼, 다윗처럼 그 기도의 영향력이 자손 대대에 이어질 것이다. 당신도 당신의 자녀들에게 무엇보다 기도에 전념하는 모습을 보여주라. 그것이 한계투성이인 부모가 할 수 있는 가장 큰 일이다.

미래를 위해 매일 기도의 씨앗을 뿌리라. 우리가 어떤 상황이라도 매일 기도하면 그 기도는 한 마디도 땅에 떨어지지 않는다. 때가 차면 다 이루어진다.

06.

내 목소리가 들리도록 기도하라

기도 제목을 소리 내어 읽으라

나는 정말 염려가 많은 사람이다. 이를 해결하기 위해 나는 꼭 염려거리를 기도 제목으로 작성해서 기도 수첩에 적는다. 그렇게 하면 염려는 내 삶의 걱정거리가 아니라 하나님이 주신 기도 제목이 된다. 그리고 하루를 시작하기 전에 내 염려를 매일 주님 앞에 아뢴다. "너희 염려를 다 주께 맡기라 이는 그가 너희를 돌보심이라"(벧전 5:7)라는 말씀대로 기도를 통해 주님께 맡긴다.

그때 기도 수첩에 적힌 기도 제목을 자기 목소리로 또박또박 읽는다. 내 음성으로 기도하는 것이다. "내가 내 음성으로 하나님께 부르짖으리니 내 음성으로 하나님께 부르짖으면 내게 귀를 기울이시리로다"(시 77:1). 나는 내 음성으로 주님께 아뢰면 주님이 내게 귀를 기울이신다는 이 말씀을 신뢰한다. 그래서 반드시 내 목소리로 주님께 기도를 드린다.

성경은 우리가 "마음으로 믿어 의에 이르고 입으로 시인하여 구원에 이르느니라"(롬 10:10)라고 말한다. 마음으로만 믿으면 아직 완전하지 않은 것이다. 목소리를 내어 시인해야 완전해진다. 내 목소리로 내 마음을 표현할 때 비로소 하나님이 그것을 내 전 인격적인 요청으로 인정하시는 것이다.

하나님은 내 목소리를 들으신다

히스기야 왕 때 앗수르 대군이 쳐들어와서 예루살렘을 포위하였다. 산헤립은 랍사게를 통해 백성들 앞에서 히브리 말로 히스기야와 그가 의지하는 하나님을 모욕하였다. 그때 히스기야가 이사야에게 하나님을 비방하는 랍사게에 대해 이렇게 말했다. "당신의 하나님 여호와께서 혹시 그의 말을 들으셨을지라 당신의 하나님 여호와께서 그 들으신 말 때문에 꾸짖으실 듯하니"(왕하 19:4하).

하나님이 그가 조롱하는 말을 듣고 꾸짖으실 것이라는 말이다. 히스기야는 그렇게 믿고, 하나님께 나아가서 기도했다. 산헤립이 히스기야를 협박하고 하나님을 모독하는 편지를 펼쳐 놓고 하나님께 아뢰었다. "여호와여 귀를 기울여 들으소서 여호와여 눈을 떠서 보시옵소서 산헤립이 살아 계신 하나님을 비방하러 보낸 말을 들으시옵소서"(왕하 19:16). 그리고 자신의 소원을 구했다. "우리 하나님 여호와여 원하건대 이제 우리를 그의 손에서 구원하옵소서 그리하시면 천하만국이 주 여호와가 홀로 하나님이신 줄 알리이다 하니라"(왕하 19:19). 그때 하나님이 어떻게 응답하셨는가? "네가 앗수르 왕 산헤립 때문에 내게 기도하는 것을 내가 들었노라"(왕하 19:20하).

하나님은 히스기야의 기도를 들으셨다. 산헤립이 랍사게를 통해서 비방하는 말도 들으셨고, 히스기야가 그 모욕을 참고 오직 하나님께 기도하는 것도 들으셨다. 우리 하나님은 들으시는 하나님이다. 기도는 독백도, 명상도 아니다. 기도는 천지의 창조자 하나님이 들으시는 음성이요, 모든 것의 주관자와 연결되는 핫라인이다. 그 기도의 결과가 무엇인가? 기도를 들으신 하나님이 천사를 보내어 하루아침에 적들을 모두 송장으로 만들어 버리셨다. 인간의 힘으로 해결할 수 없는 문제라도 우리 음성으로 하나님께 아뢸 때, 하나님이 들으시고 기적을 베풀어 주신다.

하나님이 내 목소리를 기뻐하심을 기억하라

부모는 아이가 "엄마", "아빠"라고 처음 불렀던 때를 잊지 못한다. 얼마나 감격스러운 순간인가! 하나님도 마찬가지시다. 영적으로 죽었던 우리가 거듭나서 입술을 열어 "아바 아버지"라고 부를 때 우리 주님은 너무나 기뻐하신다. 어려운 부탁이든, 잘못이든, 자랑이든 하늘 아버지께서는 우리의 목소리를 직접 듣고 싶어 하신다.

하나님과 친한 것 같은 사람에게 "하나님한테 내 얘기 좀 잘 해 줘"라고 부탁한다고 하나님이 기뻐 받지 않으신다. 주님이 내 목소리가 아닌 다른 사람의 목소리를 더 좋아하실 것이라고 오해하지 말라. 주님이 듣기 원하시는 것은 바로 내 목소리다. "여호와께서 내 음성과 내 간구를 들으시므로 내가 그를 사랑하는도다"(시 116:1). 분명히 '내 음성'이지, '우리 음성'이라고 말하지 않았다. 주님은 개인적인 교제를 원하신다. 이 세상에서 하나님 아버지를 가장 기쁘시게 해 드리는 선물은 바로 자녀인 '나의 목소리'다.

내 목소리를 들으시는 주님께 평생 기도하리로다!

시편 기자는 주께서 자신에게 귀를 기울여 주셨기에 여호와를 사랑한다고 고백한다. 그리고 평생 기도하겠다고 결심한다. "그의 귀를 내게 기울이셨으므로 내가 평생에 기도하리로다"(시 116:2). 다윗은 자신의 음성을 주님이 들으신다는 것을 확신했기에 매일 기도하기를 작정하였고 실제로 행했다. 하나님은 그의 기도를 들으셨기에 그를 모든 근심과 환란에서 건지셨다. 우리도 마찬가지다. 이것을 믿는다면 우리도 근심과 염려를 기도로 하나님께 맡길 수 있다. 그분이 내 음성을 들으시기에 우리도 목소리를 내어 매일 같이 염려거리를 주님께 아뢰어야 한다.

기도로 맡기고 오늘을 살라

아침에 일어나면 종종 근심과 염려거리들이 밀려온다. 그때 나는 아무리 피곤해도, 작은 소리로라도 주님께 내 음성으로 내 문제들을 또박또박 아뢴다. 내 음성을 들으시는 하나님께 내 염려를 맡기는 것이다. 이처럼 음성으로 아뢰거나 기도 수첩을 또박또박 읽으며 아뢴 기도는 매우 능력이 있다.

우리가 직장에서 어떤 문제를 정확하게 상대에게 음성으로 말했는가는 참 중요하다. "아, 깜빡 말씀을 못 드렸네요!" 이 경우 내 책임이다. 하지만 "제가 아까 말씀드렸잖아요"라고 하면 들은 사람 책임이다. 마찬가지다. 하루를 살다 보면 해결되지 않은 어떤 염려거리가 떠오르고, 그것이 근심으로 남아 내 마음을 마비시킬 때가 있다. 그때 나는 아침에 내 음성으로 그 문제를 주님께 아뢰었다는 사실을 떠올린다. 그리고 내 음성을 들으신 주님이 그 문제를 맡으셨음을 기억함으로 염려를 내려놓는다. 그리고 오늘에 집중해서 주님의 목적과 때에 맞게 사역을 한다.

어제는 지나갔고 내일은 아직 오지 않았다. 지금, '오늘'이 우리의 전부이다. 우리는 이 오늘을 어떻게 살아가야 하는가? 오늘은 우리가 어떻게 주님의 뜻을 행하는가에 달려 있다. 마귀는 어찌하든지 많은 분주한 일로 우리를 근심하게 만들어서 오늘을 빼앗으려고 한다. 우리는 근심을 주님께 기도로 맡김으로써 하나님의 뜻에 집중할 오늘의 힘을 얻는다. 매일 매일 근심을 맡기고 오늘 최선을 다하며 살아가면 '내일', 즉 미래에 하나님의 뜻은 반드시 나타난다.

제2차 세계 대전 당시 히틀러는 런던을 집요하게 폭격했다. 영국인들의 싸울 의지를 꺾기 위해서였다. 그때 영국 정부의 표어는 "평정심을 유지하고 하던 일을 계속하십시오"였다. 두려움에 사로잡히지 말고, 평정심을 유지하고 하던 일 즉 우리가 오늘 해야 할 일을 계속하라고 말한 것이다. 실제로 런던 시민들은 매일 폭탄이 떨어지는데도 결연하고 담담하게 일상을 이어 갔다고 한다. 이것이 영국이 나치 독일을 이긴 근본적인 힘이었다는 평가를 받는다.

우리에게도 런던 시민에게 쏟아지던 폭탄처럼 엄청난 문제들이 매일 쏟아진다. 정신을 차리기 힘든 시절이다. 그러나 모든 것을 주님께 맡기고 평정심을 유지하며 하던 일을 계속해야 한다. 쏟아지는 문제들을 또박또박 아뢰면서 오늘도 주의 뜻을 행하며 살아가야 한다.

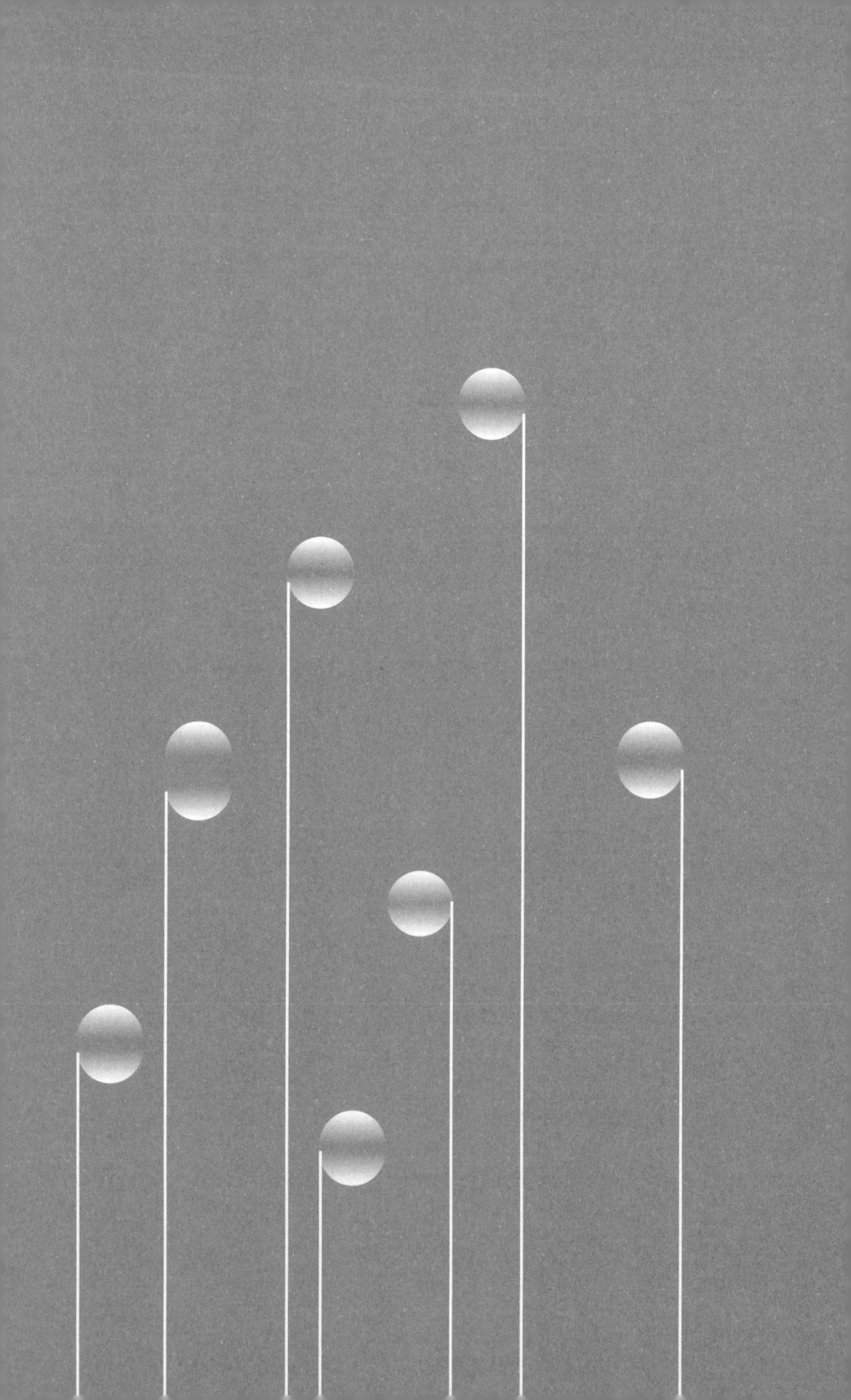

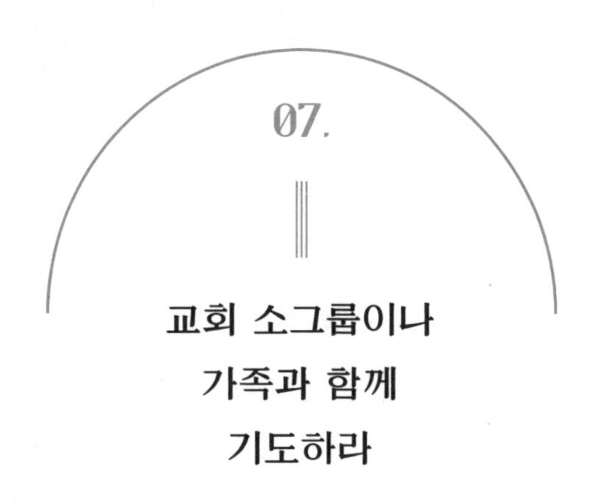

07. 교회 소그룹이나 가족과 함께 기도하라

지금 기도회에 함께 가자고 할 사람이 있는가?

우리 삶의 중심이 흔들리면 인생이 지진처럼 흔들린다. 그때 가장 힘써야 할 것은 중심을 지키는 일이다. 조급하게 인생을 드러내려고 하기보다는 하나님 앞에 나아가 늘 기도하는 일이 필요하다. 하나님께 중심을 드리고 있다고 인정될 때 삶이 달라진다.

지금 내 삶의 중심이 어디에 있는가? 중심이 제대로 지켜지고 있는지 확인하려면 기도 시간, 기도 장소, 그리고 기도의 동역자가 있는지 살펴보면 된다. 지금 내 삶에서 가장 친한 친구는 어떤 사람인가? 함께 밥을 먹는 사이인가? 함께 운동을 하는 친구인가? 매주 함께 기도하러 가자고 할 수 있는 사람인가? 과거에는 기도의 동역자가 있었는데 지금은 없다면 내 삶이 중심 없는 삶으로 흘러가고 있다는 사실을 보여 주는 것이다.

기도의 동역자를 만들라

혼자서 기도하면 결심이 흐려진다. 운동도 함께 해야 오래 할 수 있다. 공부도 스터디 그룹을 만들어서 해야 꾸준히 하게 된다. 기도도 마찬가지다. 이 세상에서 가장 든든하고 소중한 모임은 바로 기도 모임이다. 함께 기도할 동역자가 있는 사람은 결코 전쟁에서 지지 않는다.

TV 다큐멘터리 "동물의 왕국"에서 사자가 들소를 공격하는 장면을 보았다. 사자의 주요 전략은 들소 무리에서 낙오한 한 마리를 뒤에서 집중 공격하는 것이었다. 마귀도 비슷하다. "곧 그들이 너를 길에서 만나 네가 피곤할 때에 네 뒤에 떨어진 약한 자들을 쳤고 하나님을 두려워하지 아니하였느니라"(신 25:18). 마귀도 뒤에 낙오한 약한 자들을 노린다. 우리는 영적으로 피곤하면 약해진다. 그때 무리에서 홀로 떨어지면 안 된다. 요한계시록에 보면 마귀와 귀신으로 상징되는 용이나 뱀, 전갈 등은 모두 꼬리에 힘이 있다. 정면은 웃는 사람 얼굴인데, 꼬리에 힘과 독이 있어서 꼭 뒤에서 공격한다. 공동체에서 혼자 떨어져 있으면 이처럼 마귀의 밥이 되기 쉽다.

그런데 들소를 공격하는 사자에게 놀라운 반전이 일어났다. 사자 여러 마리가 들소 한 마리를 공격하는데, 다른 들소 한 마리가 나타난 것이다. 단 한 마리가 와서 도왔는데도 공격받던 들소는 사자를 물리치고서 유유히 위기의 현장을 빠져나갔다. 성도들도 함께하는 일이 이렇게 중요하다! 내가 유혹당하고 공격당하고 넘어졌을 때 일으켜 줄 자가 있어야 한다.

먼저 가족과 함께 기도하고 기도 영역을 확장하라

"너희 중의 두 사람이 땅에서 합심하여 무엇이든지 구하면 하늘에 계신 내 아버지께서 그들을 위하여 이루게 하시리라"(마 18:19). 나는 이 말씀을 문자 그대로 믿는다. 그래서 둘이 기도하길 좋아한다. 특별히 아내와 함께 기도하는데, 힘들고 어려운 일이 생기면 아내와 손을 맞잡고 기도한다. 기도하는 중에 하나님이 문제를 해결해 주시고 인도하시는 경험을 종종 한다. 이렇게 둘 혹은 셋 정도 기도하는 동역자를 만들어야 한다.

가족이 기도 짝이 되면 세상에 나가 영적 전쟁을 하는 가족을 지켜 줄 수 있다. 부모가 손을 들면 자녀가 세상에서 이긴다. 부모가 손을 든 자녀와 부모의 손이 내려간 자녀의 인생은 차이가 난다. 부모가 손을 든 자녀의 삶에 하나님의 도우심이 함께한다.

우리가 미리 기도하면 나중에 일어날 어려움을 피할 길과 이겨 낼 능력을 얻는다. 하지만 동시에 기도하면 훨씬 더 생생하게 그 능력을 경험할 수 있다. 자녀가 학교에서 공부하고, 시험 보고, 면접 보는 등 중요한 일을 하는데, 부모가 그 시간에 기도하면 부모의 기도가 자녀와 함께한다. 배우자를 위한 기도도 마찬가지다. 사업 차 중요한 미팅이 있다면 그 시간에 배우자는 무릎을 꿇고 기도하라. 그러면 그 기도가 그들의 삶의 자리에 역사한다. 이것이 기도의 신비다.

기도의 능력이 얼마나 대단한지를 깨달은 사람은 기도로 다른 사람을 도울 줄 안다. 연약한 성도들을 보면 그들을 위해 기도하며 그들이 시험을 이길 수 있도록 돕는다. 교회와 목회자를 위해 기도할 때 목회자가 힘을 얻고 교회가 부흥하는 역사가 일어난다. 이 사회의 문제를 두고 기도할 때 변화되는 놀라운 경험을 하게 될 것이다.

우리는 기도에 대해 믿음을 갖는 만큼 쓰임 받을 수 있다. 우리가 기도의 영역을 확대하는 만큼 우리의 영향력도 커지는 것이다.

영적 드림팀을 만들되 기도로 승부수를 띄우라

물론 우리도 마땅히 해야 할 일을 해야 한다. 시험을 본다면 공부하고 실력을 쌓아야 한다. 그러나 승부는 기도를 하느냐, 안 하느냐에 달려 있다. 출애굽기 17장을 보면, 이스라엘에 아말렉이 쳐들어왔다. 이 싸움은 이스라엘 백성이 가나안으로 향하는 여정을 막는 마귀의 전술이었다. 하나님의 교회는 이렇게 끊임없이 영적인 싸움에 노출되어 있다.

이 싸움에서 모세는 어떤 작전을 펼쳤는가? "모세가 여호수아에게 이르되 우리를 위하여 사람들을 택하여 나가서 아말렉과 싸우라 내일 내가 하나님의 지팡이를 손에 잡고 산꼭대기에 서리라"(출 17:9). 여호수아는 아말렉과 싸우러 가고, 모세는 기도하러 산꼭대기에 올라갔다.

그런데 11절을 보라. "모세가 손을 들면 이스라엘이 이기고 손을 내리면 아말렉이 이기더니"(출 17:11). 우리가 혼자 기도하다 보면 힘에 부친다. 천하의 모세도 팔이 내려갔다. 이에 곁에서 아론과 훌이 돕자 결국 이스라엘이 승리했다. 이 기도는 연합의 기도였고, 연합함으로 승리했다. 우리가 매일 기도하려면 혼자서는 힘들다. 교회 소그룹이나 가족들이 연합해서 서로 도와야 한다.

1994년 하버드 대학교 연구진은 삶의 방식을 철저하게 변화시킨 사람들을 조사했는데, 동기가 두 가지였다고 한다. 첫째는 이혼이나 질병 등 치명적인 삶의 비극을 경험한 것이었다. 그 후 정신 차리고 습관을 고친 것이다. 둘째 부류는 이런 비극을 겪지 않고도 완전히 달라졌다. 그 비결은 변할 수 있다고 믿게 해 주고 격려해 주는 공동체 모임에 있었다.

그러므로 혼자서 모든 것을 다 하려고 하지 말라. 함께 기도해야 한다. 교회 소그룹에서 격려하면서 함께 기도하라. 혼자 하는 기도도 중요하지만, 한 가지 사건을 두고 두세 사람이 마음과 생각을 모아서 기도할 때 그 힘이 배가 된다. 한 사람이면 천을 대적하고, 둘이면 만을 쫓는다고 하지 않던가. 열 명이 마음을 합하면 더 놀라운 역사가 일어난다.

영적 전쟁에 우연이란 없다. 기도 없이 이루어지는 하나님의 역사는 없다. 예수님이 하늘과 땅의 모든 권세를 가지셨기에 기도가 닿지 못하는 영역은 없다. 우리의 기도가 도달하는 모든 곳에 하나님의 통치가 임한다. 그러므로 어떤 상황에서도 우리는 기도로 연결될 수 있다. 기도할 때 하나님의 통치가 임하기에 기도가 모든 승부를 결정짓는다.

08. 교회의 권세 아래 함께 기도하라

우리는 개인적으로 중보 기도를 하는데, 꼭 교회에서 하는 중보 기도에도 참여해야 할까? "성도들이 개인적으로 기도하도록 도와주면 되지, 꼭 교회에서 모여서 기도해야 하나요?"라고 질문하는 분들이 있다. 하지만 이것은 교회의 권세를 이해하지 못한 까닭이다. 우리는 교회의 권세를 이해하고 그 권세를 이용해 함께 기도해야 한다. 그래야 기도의 더 큰 능력을 경험할 수 있다.

절망이 겹겹이 욱여쌀 때 어떻게 벗어나는가?

사도행전 당시 교회를 핍박하는 새로운 강자가 나타났다. 로마 분봉왕 헤롯이다. 그동안에는 종교 지도자들의 핍박이 있었다. 그들은 어느 정도 하나님을 경외하는 자들이기도 하고, 무엇보다 사람을 죽일 법적 권세가 없었다. 그런데 헤롯은 하나님을 경외하지도 않고, 사람을 죽일 수 있는 권세도 가진 자였다.

헤롯은 교회 중에서 몇 사람을 해할 계획을 세웠다. 핵심 지도자를 처벌하면 교회가 무너질 것이라고 보고 목록을 작성했다. 그래서 야고보를 잡아서 죽였다. 그런데 유대인들이 이 일을 기뻐했다. 여론도 교회 편이 아니었다. 결국 헤롯은 베드로도 잡아서 옥에 가두었다. 군사 넷씩 네 패에 맡겨서 베드로를 지켰으니, 16명의 군사가 한 사람을 지킨 것이다. 빠져나갈 수 있는 상황이 아니었다. 앞서 옥에 갇힌 야고보가 죽었을 때 백성들이 좋아했으니까, 다들 베드로가 살아서 나올 가망은 없다고 생각했을 것이다.

이런 절망의 옥문에 갇혀 있는 베드로에게 반전이 일어났다. 겹겹이 욱여쌈을 당한 가운데 옥문이 열렸다. 절망이 희망으로 바뀌는 놀라운 기적이 일어난 것이다. 베드로의 삶 속에 드리워져 있던 절망의 옥문을 열어젖힌 것은 과연 무엇이었을까?

왜 교회가 기도할 때 기적이 일어날까?

"이에 베드로는 옥에 갇혔고 교회는 그를 위하여 간절히 하나님께 기도하더라"(행 12:5). 온 교회가 베드로 한 사람을 위해서 간절히 기도했고, 그 후 베드로가 기적적으로 구출되었다. 이처럼 초대 교회 당시 엄청난 박해 속에서도 성도들이 승리할 수 있었던 비결은 바로 교회의 기도에 있었다.

베드로는 구출되자마자 마리아의 다락방으로 갔다. 직감적으로 성도들이 자신을 위해서 기도하고 있다는 사실을 알았기 때문이다. 기도하는 장소까지도 알았다. 그들이 모여 기도한 곳은 '마가 요한의 어머니 마리아의 다락방'이었다. 예수님과 제자들이 최후의 만찬을 한 곳이다. 또한 오순절 성령 강림을 위해서 기도한 곳이기도 하다. 그런데 그 이후로도 계속 성도들이 모여서 기도했던 것 같다. 그래서 베드로는 기도하는 곳으로 바로 찾아갈 수 있었다.

이렇게 초대 교회에는 함께 모여 기도하는 곳이 있었다. 그리고 교회의 합심 기도를 통해 기적의 역사가 일어났다. 왜 교회가 기도할 때 이런 기적이 일어날까?

교회의 징계와 권세를 이해하라

마태복음 18장은 교회 안에서 범죄한 사람을 어떻게 다루어야 하는지를 설명하고 있다. 만약 어떤 사람이 죄를 범했다는 사실을 알게 되면 다른 사람에게 소문을 퍼트리지 말고 홀로 가서 먼저 권면한다. 듣지 않으면 한두 사람을 데리고 가서 두세 증인의 입으로 말마다 확증하게 하고, 그래도 듣지 않으면 교회에 말해야 한다. 문제가 생겼을 때 교회가 공동체적으로 대처하라는 뜻이다. 교회의 지도자도 대표자로서 권위를 가지고 그에게 권면해야 한다. 이를 보면 교회가 범죄한 사람을 얼마나 신중하게 다루어야 하는지를 알 수 있다.

마태복음 18장 18절에서 예수님은 "진실로 너희에게 이르노니 무엇이든지 너희가 땅에서 매면 하늘에서도 매일 것이요 무엇이든지 땅에서 풀면 하늘에서도 풀리리라"라고 말씀하셨다. 즉 교회가 성경적인 절차대로 땅에서 어떤 일을 결정하면 하늘에서도 그렇게 하시겠다는 뜻이다. 이것이 교회의 권세다.

이어서 19절을 보라. "진실로 다시 너희에게 이르노니 너희 중의 두 사람이 땅에서 합심하여 무엇이든지 구하면 하늘에 계신 내 아버지께서 그들을 위하여 이루게 하시리라."

주님은 교회가 합심하여 징계하는 것만 아니라 교회가 한마음으로 무엇이든지 기도하면 들어주겠다고 하셨다. 여기서 '두 사람'은 교회의 최소 단위를 말한다. 두세 사람이 주님의 이름으로 모여도 주님이 함께하시는 그곳이 바로 교회다. 베드로의 옥문을 연 것도 교회의 기도 능력이었다. 이 권세는 오늘날에도 실제적으로 우리에게 주어진 권세다.

교회의 권세를 사용하고 경험하라

하나님이 교회에 주신 기도의 권세를 사용하는 방법은 여러 가지다.

첫째, 교회의 대표 권위를 가진 지도자들의 기도다. 야고보도 병든 자가 있으면 교회의 장로를 청해서 기도하라고 했다(약 5:14).

나는 부교역자 생활을 14년 했는데 그때는 사실 내가 기도해서 병이 낫는 경우가 흔하지 않았다. 그런데 담임목사가 되고 나니 심방 가서 기도하면 신기하게도 병이 낫는 사례가 많아졌다. 나는 동일한데 하나님이 이러한 일을 행하심으로 교회에 주신 권세를 알게 하신다는 것을 느낄 수 있었다. 그래서 지금은 주님의 이름과 교회에 주신 권세를 의지해 믿음으로 기도한다.

둘째, 교회의 지도자 그룹의 기도다. 교역자 기도 모임이나 당회원이나 소그룹 지도자들이 모여서 함께 기도할 때 주님이 기도에 응답하신다. 교회 지도자들이 모여서 회의만 하지 말고 성도들과 교회를 위해서 기도한다면 교회는 엄청난 능력을 얻게 될 것이다.

셋째, 교회의 공적인 합심 기도 모임이다. 금요 심야 기도회나 수요 기도회 등 교회가 공적으로 정한 기도 모임에서 기도할 때 우리는 교회의 기도의 권세를 경험할 수 있다.

내가 섬기는 교회의 수요 기도회에서는 합심해서 환자들을 위해 기도할 때 놀라운 응답이 일어나곤 한다. 이처럼 교회마다 성도들이 합심해서 기도하는 모임이 살아 있어야 한다. 모임에서 부르짖으며 한마음으로 기도할 때 교회는 영적인 싸움에서 이기고 하나님의 기적을 경험하게 될 것이다.

넷째, 중보 기도 모임이다. 내가 섬기는 교회는 릴레이로 아침부터 저녁까지 중보 기도 훈련을 받은 성도들이 헌신하여 기도를 한다. 교회와 성도들의 기도 제목이 적힌 기도 카드를 보면서 일주일 내내 쉬지 않고 기도한다. 중보 기도 사역을 통해 성도들은 소그룹에서 미처 나누지 못한 개인과 가정의 문제를 위해 기도해 줄 것을 교회에 부탁하고, 중보 기도단은 하나님이 교회에 주신 기도의 권세를 가지고 전심으로 기도한다. 이 중보 기도 모임을 통해서 수많은 문제가 해결되고 교회가 부흥하는 경험을 하고 있다.

능력보다 권세가 중요하다는 사실을 명심하라

흔히 성도들은 기도하라고 하면 자신은 기도의 능력이 없다고 말한다. 그러나 능력보다 중요한 것이 권세라는 사실을 알아야 한다.

어느 마을에 한 머슴이 살았다. 얼마나 힘이 센지 동네에 당할 자가 없었다. 머슴이 모시는 도련님이 있는데 엄청난 개구쟁이였다. 어느 날 개구쟁이 도련님이 머슴을 괴롭혀서 머슴이 화가 났다. 둘이 싸움이 났다. 누가 이겼을까? 당연히 도련님이 이겼다. 물론 힘은 머슴이 셌다. 그러나 도련님 뒤에는 아버지의 권세가 있었다. 그래서 머슴은 도련님을 이길 수도 없었고, 이겨서도 안 되었다.

우리도 이와 같다. 능력보다 권세가 중요하다. 우리도 개인의 능력을 의지해 기도하는 것이 아니라, 예수 이름의 권세와 동시에 주님이 머리가 되신 교회의 권세에 의지해 기도해야 한다.

개인적으로 기도하는 것도 중요하지만 기도 모임에 참석해 함께 기도하거나, 교회의 중보 기도단에 헌신해 함께 기도의 능력을 경험해야 한다. 교회가 기도할 때 기도의 영향력은 더욱 커진다. 성도들이 함께 모여 한마음으로 기도할 때 혼자서는 미처 하지 못했던 엄청난 일을 이룰 수 있을 것이다.

STEP 2 핵심 내용

나눔

1. 누군가 "당신의 기도 시간은 언제입니까?"라고 묻는다면 "나의 기도 시간은 ○○입니다"라고 답할 수 있는가? 만일 그렇지 않다면 나의 기도 시간을 정하고 실천해 보라.
   - 나의 기도 시간:

2. 당신은 삶이 흔들릴 때 갈 곳이 있는가? 고장이 났는데 정비할 곳을 찾지 못해 우왕좌왕하지는 않는가? 언제나 기도하러 갈 수 있는 장소가 있다면 적고 없다면 정해 보라.
   - 나의 기도 장소:

3. 당신은 기도하기 시작하면 얼마간 기도하는가? 길지 않아도 좋다. 매일 일단 딱 5분부터 소리 내어 기도하기로 결단하라. 다음 체크리스트에 날마다 체크하며 매일 5분씩 기도하는 습관을 들이라.

1일차	2일차	3일차	4일차	5일차	6일차	7일차
5분 □	5분 □	5분 □	5분 □	5분 □	5분 □	5분 □
8일차	9일차	10일차	11일차	12일차	13일차	14일차
5분 □	5분 □	5분 □	5분 □	5분 □	5분 □	5분 □
15일차	16일차	17일차	18일차	19일차	20일차	21일차
5분 □	5분 □	5분 □	5분 □	5분 □	5분 □	5분 □

4. 매일 기도할 때 찾아오는 유익을 설명하고, 자신이 직접 체험한 기도의 유익을 나누어 보라.

5. 당신은 기도 동역자가 있는가? 나를 위해 기도해 주는 동역자, 내가 기도해 주는 동역자를 각각 기록하고 동역자들을 위해 기도하는 시간을 가지라.
   - 나를 위해 기도해 주는 동역자:
   - 내가 기도해 주는 동역자:

6. 교회에서 합심으로 기도하거나 중보 기도를 부탁해 기도를 응답받은 경험이 있는가? 교회의 권세를 의지해 드리는 기도의 유익을 이야기해 보라.

응답받는 기도 훈련

- 응답받는 기도를 위한 기도 습관 만들기 프로젝트
  1. 가장 귀한 시간, 하나님과만 만날 수 있는 은밀한 장소를 정하기
  2. 매일 딱 5분! 무조건 빠지지 않고 기도하기
  3. 기도 제목을 노트에 적고 나의 목소리로 하나님께 아뢰기
  4. 기도의 동역자들과 함께 기도해 기도의 능력 체험하기

STEP 3

응답받는 기도를 위해 넘어야 할 장애물

기도는 아침의 열쇠이자
밤의 자물쇠가 되어야 한다.
_조지 허버트

죄를 버리고 회개하라

죄에서 떠나라

기도의 세계에는 정말 장애물이 많다. 먼저 우리가 죄를 품고 있으면 주님이 듣지 않으신다. "내가 나의 마음에 죄악을 품었더라면 주께서 듣지 아니하시리라"(시 66:18). 이 말씀은 현재형이다. 과거에 지은 죄를 문제 삼는 것이 아니다. 지금 품고 있는 죄를 말한다.

부모는 아이가 손에 오물을 잔뜩 묻혔다면 먼저 씻고 오라고 한다. 만약 손을 씻지 않은 아이에게 빵을 주면 빵과 함께 오물도 입에 들어가 건강에 좋지 않다. 이처럼 우리가 죄를 품고 있는데도 하나님이 좋은 것을 주시면 우리는 죄를 대수롭지 않게 생각할 수 있다. 죄를 지어도 괜찮다고 생각할지도 모른다.

그러나 고백하지 않고 품고 있는 죄는 성령으로 근심하시게 한다. 죄가 만연한 곳에는 성령이 계시지 않는다. 존 뉴턴(John Newton)은 "천국에는 하나님의 임재를 방해하는 죄나 불신, 영적인 무기력이 없기 때문에 하나님의 임재를 항상 충만히 경험할 수 있다"고 했다. 역사적으로도 하나님의 임재가 넘치는 부흥이 일어나는 곳에서는 먼저 죄를 고백하고 회개하는 역사가 일어났다.

주님은 우리가 연약하다고 외면하지 않으신다. 일만 번을 반복해서 죄를 지어도 회개하면 늘 용서하고 받아 주신다. 그 과정을 통해 우리가 성화되어 가기 때문이다. 하나님의 최대 관심사는 우리가 그리스도를 닮아 가는 거룩한 그리스도인이 되는 데 있다. 그러므로 죄를 품지 말고 하나님께 회개하고 나아가야 한다.

기도를 막는 죄 중에 하나가 '아내'에 대한 태도다. "남편들아 이와 같이 지식을 따라 너희 아내와 동거하고 그를 더 연약한 그릇이요 또 생명의 은혜를 함께 이어받을 자로

알아 귀히 여기라 이는 너희 기도가 막히지 아니하게 하려 함이라"(벧전 3:7). 기도가 막히지 않으려면 아내를 사랑해야 한다. 왜 아내를 언급할까? 연약한 그릇이기 때문이다. 인간은 연약한 자에게 상처 주기가 쉽다. 폭력을 행사하기도 한다. 존중하지 않는다. 그런 면에서 자녀나 과부, 고아도 마찬가지로 연약한 자다. 연약한 자들에게 상처를 주면 하나님이 듣지 않으신다. 말라기에서도 하나님은 아내를 학대하는 자들의 제사를 받아 주지 않으셨다.

우리가 힘없는 자들에게 상처를 줄 때 하나님은 그들의 부르짖음을 들으신다. 그리고 우리 기도를 들어주지 않으신다. 그러므로 우리는 기도할 때 먼저 죄를 회개해 주님이 역사하시는 일을 방해하는 장애물을 제거해야 한다.

죄의 이면에 있는 우상을 제거하라

딸이 엄마를 살해한 사건이 외국에서 있었다. 엄마가 딸에게 의대에 입학하라고 9년간 재수를 시켰다. 딸은 끝내 견디지 못하고 엄마의 감시보다 감옥이 낫다며 엄마를 죽이고 말았다. 왜 엄마가 딸에게 그렇게 했을까? 성공, 학벌에 행복이 있다는 우상을 섬겼기 때문이다. 우리가 흔들리고 화내고 미워하는 이유로 보이는 현상 이면에는 더 깊은 죄의 이유가 있다. 바로 우상이다.

우리 인생에 닫힌 하늘 문이 열리고 나를 찌르는 가시가 사라지려면 먼저 내 안에 있는 우상의 정체를 확인하고 제거하는 일부터 시작해야 한다. 내 아픔과 문제를 주님 앞에 들고 나가기 전에 문제 이면에 어떤 우상이 있는가를 생각해 보아야 한다. 먼저 우상을 제거하고 그 자리에 그리스도를 모시는 것이 중요하다.

엘리야는 갈멜산에서 응답의 소낙비를 경험하기 전에 먼저 우상을 제거했다. "엘리야가 그들에게 이르되 바알의 선지자를 잡되 그들 중 하나도 도망하지 못하게 하라 하매 곧 잡은지라 엘리야가 그들을 기손 시내로 내려다가 거기서 죽이니라"(왕상 18:40). 우상 제거가 응답의 하늘 문이 열리는 전제다.

그리고 엘리야는 갈멜산으로 올라가 기도하기 시작했다. "엘리야가 갈멜산 꼭대기로 올라가서 땅에 꿇어 엎드려 그의 얼굴을 무릎 사이에 넣고"(왕상 18:42). 이때 엘리야가 어떤 자세로 기도했는지 보라. 보통 이스라엘 백성은 서서, 혹은 무릎을 꿇고, 또는 성전을 향해 두 손을 들고 기도했다. 엘리야처럼 고개를 숙이고 땅에 엎드린 것은 당시 일반적인 기도 자세가 아니었다. 성경에서 이처럼 기도하는 경우는 그들이 범죄했을 때였다. 그러므로 엘리야의 자세는 범죄하는 이스라엘 백성의 죄를 참회하는 기도임을 알 수 있다. 우상을 섬긴 민족을 대신해 하나님 앞에 나아가서 겸비하여 그들의 죄를 용서해 달라고 기도드린 것이다.

우상을 버리고 죄에서 돌아서는 것이 끝이 아니다. 우상을 섬김으로 하나님의 마음을 아프시게 하고 떠났던 우리의 죄를 회개해야 한다. 그것이 진정한 회개다. 하나님은 우리에게 단지 바른 행실만 원하시는 것이 아니다. 우상을 섬기는 일이 하나님에 대한 반역이고, 그분께 대한 범죄요, 그분의 마음을 아프시게 하는 일임을 깨닫기 원하신다. 먼저 하나님께 마음을 돌이키기를 더 원하시는 것이다. 주님께 돌아와 무릎 꿇고 회개하면 그때 주님은 우리를 긍휼히 여겨 용서해 주신다.

지금 영혼의 가뭄을 겪고 있는가? 응답의 하늘 문이 열리길 원하는가? 우리에게 무엇보다 필요한 것은 주님 앞에 무릎 꿇고 회개하며 긍휼을 구하는 것이다.

10. 바쁜 일의 유혹을 피하라

기도를 계속하지 못하도록 방해하는 또 다른 장애물은 바쁜 일의 유혹이다. 우리는 기도가 얼마나 중요한지 잘 알고 있다. 그런데 그 중요한 기도를 뒤로 제쳐 두게 하는 일이 무엇일까? 바로 급한 일, 바쁜 일이다. 바쁘게 사는 사람은 대단히 성공적인 삶을 사는 것 같지만, 실상은 중요한 일을 놓쳐 버리고 껍데기 인생을 살기가 쉽다.

그러므로 사탄이 기도를 방해할 때 애용하는 가장 대표적인 장애물은 바쁜 일이다. 사무엘 채드윅(Samuel Chadwick)

은 이렇게 말했다. "사탄은 우리가 계획을 세울 때 미소를 짓는다. 그리고 우리가 정신없이 바쁠 때 크게 웃는다." 사탄은 우리가 기도하지 않으면 무력해진다는 것을 안다. 그래서 성경은 계속 우리에게 권면한다. "기도를 계속하고 기도에 감사함으로 깨어 있으라"(골 4:2). 아주 간단한 말씀이지만 중요한 메시지가 담겨 있다. 이 말씀을 자세히 살펴보자.

"기도를 계속하고"

'계속'에는 두 가지 의미가 있다. 첫째, 어떤 문제에 대해서 계속 기도하라는 의미다. 기도를 한 번 하고 말면 안 된다. 응답을 받을 때까지 기도를 계속해야 한다. 엘리야는 비를 주시겠다는 하나님의 약속을 붙잡고 기도했지만, 비가 오지 않자 일곱 번을 기도했다. 다시 말하면, 비가 올 때까지 계속 기도했다.

물론 우리가 한 번 기도하고 믿었다고 할 수도 있다. 하지만 기도를 잊어버리는 순간, 믿음도 추락한다. 지속적으로 드리는 기도야말로 믿음의 표현이다. 기도를 통해서 우리의 믿음이 드러난다. 우리는 계속 반복적으로 기도함으로써 문제 너머에 계시는 하나님을 바라보며 믿음을 유지

한다. 기도 생활이 곧 믿음 생활이다. 믿는다면 당연히 기도를 계속해야 한다.

둘째, 기도 생활을 체질화하라는 뜻이다. 세상에서 제일 힘든 일이 체질에 맞지 않는 일을 계속하는 것이다. 체질화해야 쉽고 즐거워진다. 그래서 기도를 체질로 만들라는 것이다. 운동은 힘들다. 하지만 운동을 체질화하면 많은 유익을 얻을 수 있다. 이처럼 우리가 기도를 체질화하면 정말 온갖 유익을 얻는다. 바쁜 일로 운동을 게을리하면 금세 살이 찌듯이, 바쁜 일로 기도를 멈추면 영적 비만이 찾아온다. 운동을 하지 않으면 면역력이 떨어져 병에 쉽게 걸리듯이, 바쁜 일로 기도를 하지 않으면 영적 면역력도 떨어진다.

우리는 이미 죄라는 바이러스에 감염되어 타락했다. 문제의 해법은 누구에게나 있는 죄에 대한 면역력을 키워 죄가 활동하지 못하게 막는 것이다. 하지만 기도를 게을리하면 면역력이 약해져서 죄라는 바이러스의 활동이 왕성해진다. 각종 죄악이 기승을 부린다.

시기, 질투, 미움, 불평, 비난, 분노 등 죄악의 증상들이 나타나는 이유는 아직 옛 사람의 체질이기 때문이다. 예수님을 믿고 나면 새사람의 체질, 즉 예수님의 체질로 바꿔어야 한다. 그 첫 번째가 바로 기도 체질이다. 운동을 체질화한 사람이 자신감을 갖고 건강을 유지하듯이, 기도를 체질화해서 매일 기도하는 사람이 하나님과 동행하는 인생길을 걸어간다. 인생길이 평안하고 쉬워진다.

성경에는 한가할 때 기도하라는 말씀이 없다. 성경은 항상 기도하고, 쉬지 말고 기도하고, 무시로 성령 안에서 기도하라고 명령한다. 계속 기도 생활을 하라는 뜻이다. 그러므로 기도는 평생 우리가 이루어야 할 신앙의 체질 개선이다.

"기도에 … 깨어 있으라"

'깨어 있으라'는 두 가지 의미다. 기도를 통해서 깨어 있어야 하며, 깨어 있는 기도를 해야 한다는 뜻이다. 새벽 기도회에 매일 나오지만 실제로 삶에서 기도의 능력이 잘 나타나지 않는 분이 있다. 늘 새벽을 깨우는데 정작 기도 자체가 깨어 있지 않으면 실제로 기도한다고 할 수 없다. 그런 기도 생활에는 별로 능력이 없다.

그렇다면 깨어 있는 기도는 어떻게 하는 것일까? 첫째, 기도 자체에 주님과의 긴밀하고 깊은 영적 교제가 있어야 한다. 둘째, 무엇을 기도할지 정확하게 알아야 한다. 구체적으로 기도로 올려 드릴 기도 제목이 있어야 한다. 셋째, 기도할 때 이기적이고 세속적인 마음을 버리고, 주님의 나라와 영광을 위한 사역적인 마음가짐을 가져야 한다.

바울은 이어지는 3절에서 이렇게 말했다. "또한 우리를 위하여 기도하되 하나님이 전도할 문을 우리에게 열어 주사 그리스도의 비밀을 말하게 하시기를 구하라 내가 이 일 때문에 매임을 당하였노라"(골 4:3). 바울은 전도의 문이 열리고 그리스도의 비밀을 말하게 해 달라고 기도 요청을 했다. 이렇게 하나님 나라에 참여하는 기도가 바로 깨어 있는 기도다.

많은 그리스도인이 기도할 때 그저 개인적인 기도에서 멈춘다. 자기중심적인 마음으로 드리는 기도가 많다. 진정 하나님의 입장에서 사역적인 마음으로 기도할 줄 아는 성도는 그리 많지 않다. 하지만 하나님이 필요로 하시는 기도자는 세상과 교회를 두고 중보할 줄 아는 기도자다.

지속적인 기도는 성장해야 하며 하나님 나라의 동역자가 되는 데까지 이르러야 한다. 계속 기도하는데 기도가 성장하지 않는다면 정말 깨어 있는 기도를 드리고 있는지 돌아보아야 한다.

깨어 있는 기도로 삶을 일깨우라

'기도에 깨어 있으라'는 말은 '기도하지 않는 삶은 곧 잠자는 삶'이라는 말이다. 바쁜 일로 기도하지 않으면 육적으로는 깨어 있고 부지런해 보일는지 모르나, 영적으로는 실상 잠들어 있는 것이다. 그런 면에서 기도하지 않고 바쁜 일로 질주하는 삶은 영적으로 졸음운전을 하는 것과 같다. 자동차에 소중한 가족을 태우고 졸음운전을 하면 어찌 되겠는가. 결국 대형 사고가 난다.

영적으로 잠들면 결국 시험에 든다. 바빠서 돈은 벌지 모르지만, 그 일로 시험에 들어서 가정이 깨진다. 관계가 깨진다. 타락에 빠진다. 잠들면 무방비 상태가 된다. 술에 취한 것처럼 무력해진다. 아무리 태권도 고수라도 술에 취하면 싸움에서 진다. 영적으로 깨어 있지 않으면 아무리 목회자라 해도, 성경을 많이 알고 탁월한 능력이 있는 직분자라 해도 유혹에 넘어진다. 그러므로 늘 기도해야 한다.

성경을 보면 늘 '깨어 있음'과 '기도'가 연결되어 있다. 예수님도 제자들에게 "시험에 들지 않게 깨어 기도하라"(마 26:41)고 하셨다. 바울은 골로새서 4장 2절에서 기도로 깨어 있으라고 말한 후 5절에서는 "외인에게 대해서는 지혜로 행하여 세월을 아끼라"고 했다. 결국 우리는 기도할 때 세상 속에서 어떻게 살아갈지를 깨닫게 된다. 진정한 능력은 깨어 있음에서 나온다. 부모가 부모답고, 목회자가 목회자답고, 그리스도인이 그리스도인다울 수 있는 것은 깨어 있어야 가능하다. 자기 본분에 맞게 제자리를 지키는 것이 진정한 능력이다.

크고 대단한 일을 하는 것이 능력이 아니다. 올바른 자리에서 바른 판단력과 가치관을 가지고 올곧은 감정으로 살아가는 것, 이것이 기도로 깨어 있을 때 나타나는 그리스도인의 모습이다. 기도를 계속하고 감사함으로 깨어 있는 것, 이것이 우리가 기억해야 할 그리스도인다운 삶의 기본이다.

세상을 살면서 우리는 언제 마귀와 세상의 유혹에 넘어질지 모른다. 매일매일 기도하는 시간을 통해 우리는 깨어난다. 이 유혹의 혼탁한 시대에 기도하는 사람만이 깨어 있을 수 있다. 기도하면 모든 유혹을 이긴다. 하지만 기도하지 않고 바쁘면 사탄이 웃는다. 하나님은 근심하신다. 어떤 바쁜 일이 있어도 먼저 기도하면 승리하는 삶을 살 수 있다.

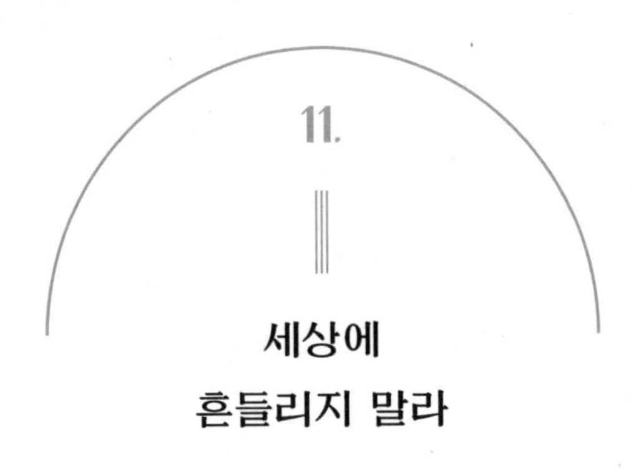

11. 세상에 흔들리지 말라

사람의 인정(외식)을 주의하라

기도하다 보면 자신이 얼마나 경건한 사람인지 칭찬받고 싶다는 유혹이 들어온다. 또한 대표 기도를 하다 보면 사람들에게 감화를 끼치고 싶다는 욕심이 들어온다. 기도의 고수조차도 자신이 기도를 통해 사람들을 깨우쳐 보겠다는 생각에 빠질 때가 있다. 이렇게 기도 생활을 하면서 사람에게서 자유하기란 쉽지 않다.

그러나 기도는 하나님께 하는 것이다. 하나님의 말씀은

사람에게 보이려고 기도하는 자는 자기 상을 이미 받았다고 말한다(마 6:16). 즉 사람들의 칭찬이 응답이라는 것이다.

주님은 은밀한 중에 계시며 은밀한 중에 보신다. 기도는 언제나 하나님과 나 사이만 존재하는 단독자로서의 만남이다. 사람에게 기도하는 내 모습을 보이려 하거나, 목소리를 들려주거나, 나 자신이 감화력을 끼치려는 시도들은 하나님과의 은밀한 만남이 아니다. 우리는 기도할 때 아무도 보지 않고 듣지 않는 곳에서 오직 하나님께만 신경을 써야 한다. 그것이 바로 기도의 골방이다. 예수님이 골방에 들어가 문을 닫고 기도하라고 말씀하시지 않았던가(마 6:6).

우리가 열심히 기도하고 사람들에게 칭찬은 받는데, 정작 하나님께 응답받지는 못한다면 무슨 소용이 있을까. 사람에게 보이고 싶은 마음은 기도의 커다란 장애물이다. 사람들을 의식하지 말고 기도할 줄 알아야 한다. 대표 기도도 마찬가지다. 비록 사람들 앞에 있으나 그 순간에 그들을 대표해서 하나님께 올려 드리는 기도라고 생각하고 하나님만 바라보아야 한다. 눈을 감았는데 하나님 앞에 서 있다는 생각이 들지 않는다면 사람과 환경을 의식하고 있는 것이다.

대중 앞에서 기도하길 바란다면 항상 충분한 개인 기도

시간을 먼저 가져야 한다. 무엇보다 성령으로 충만해야 한다. 그래야 여러 사람 앞에서도 은밀한 중에 계시는 하나님께 기도할 수 있다. 회중 앞에서건 골방에서건 오직 하나님만 바라보며 기도할 때 능력이 임하고 감화하시는 역사가 일어난다.

세상 재미에 빠지지 말라

힘들 때 열심히 기도하던 성도가 축복이 오면 기도의 열정을 잃어버리곤 한다. 왜 그럴까? 세상의 즐거움 때문이다. 열심히 기도하던 성도가 여행에 맛을 들이고 골프에 열중하다 보면 어느덧 신앙의 열정이 사라진다. 세상은 결코 우리에게 신앙의 열정을 주지 않는다. 오히려 세상의 즐거움이 성령의 즐거움을 빼앗아 간다.

세상을 구성하는 것은 사치와 음란과 허영과 정욕이다. 세상을 사랑하면 그 속에 아버지의 사랑은 없다. 취미, 여행, 식도락, 영화, 오락 등에 재미를 붙이면 예배의 감동도, 말씀의 은혜도 느끼지 못한다. 삼손이 왜 머리카락이 잘리고 눈이 뽑혀서 블레셋의 조롱을 받는 처지가 되었는가?

바로 들릴라라는 세상에 취해 푹 빠졌기 때문이다.

세상의 맛에 빠진 사람은 세상 자랑에 취한다. 명예, 돈, 성공, 명문 대학, 몸짱, 외모, 좋은 사위나 며느리, 아파트 등 세상의 자랑거리가 인생의 목표가 된다. 바울은 그리스도인을 가리켜 '세상에 대해서 못 박힌 자'라고 했다. 바리새인 중의 바리새인이었던 바울은 예수님을 믿고 나서 세상의 자랑거리를 배설물로 여겼다(빌 3:8). 바울이 배설물로 여긴 것이 내 눈에는 보배로 보인다면 정상일까? 이 세상이 심판받을 때 다 사라질 것을 자랑하는 일처럼 어리석은 삶이 어디 있을까.

이처럼 헛된 것을 추구하고 자랑하는 마음, 욕심이 가득한 마음으로는 기도할 수 없다. 세상이 가득한 마음에 거룩한 성령이 거하실 수 없다. 세상 사랑으로 불타오르고 있다면 기도의 불은 타오를 수 없다. 헛된 마음을 버리고 성령이 우리의 마음을 주장해 주시길 간구하자. 우리가 세상을 버리면 하나님은 우리에게 세상보다 소중한 성령을 주신다. 세상의 즐거움보다 더 나은 천국의 즐거움을 경험하게 될 것이다.

육체에 예속되어 살아가지 말라

현세적인 사람들은 육체를 과대평가하는 경향이 있다. 요즘은 조금 편안히 살고 부유해지면서 건강하게 사는 일에 얼마나 관심이 많은지 모른다. 먹고살기 급급할 때는 신경 쓰지 못하던 일이 눈에 들어오기 시작한 것이다. 우리도 하나님이 주신 육체를 청지기로서 잘 관리하며 살아야 한다. 그런데 육체의 관리만큼 영혼 관리에도 신경을 쓰고 있는가?

성경에는 부자와 거지 나사로의 이야기가 나온다. 거지 나사로는 병들어 죽었고, 부자는 좋은 옷을 입고 잘 살았던 것을 보면 부자는 하나님이 주신 육체를 잘 관리했을 것이다(눅 16:19-20). 그런데 그들의 영혼은 어땠는가? 결과로 보건대 나사로는 영혼 관리를 잘했고, 부자는 영혼 관리를 못했다. 부자는 죽은 뒤에야 자기가 영혼 관리를 못했다는 사실을 알고 하나님께 기도하고 애원했지만 돌아온 답변은 때가 늦었다는 것이었다. 이미 죽은 영혼의 실체를 깨달아 봐야 소용없다는 것이다. 왜 그는 그토록 영혼을 관리하지 못했을까?

많은 경우, 영혼 관리가 잘되려면 육체가 편안히 앉아 있을 새가 없다. 영혼을 관리하기 위해서는 기도해야 하고 성경을 읽으려면 일찍 일어나야 한다. 기도하려면 무릎을 꿇어야 하니 육체가 피곤해진다. 육체도 안락하고 영혼도 안락할 수 있는 방법은 없다. 육체가 피곤한 것이 싫어서 안락하려고 하면 영혼 관리가 안 된다. 육체가 안락할수록 영혼은 죽어 가는 것이다.

요즘은 건강에 대한 관심이 너무 많아져서 육체를 사용하기를 겁내는 경향이 있다. 편리함만 너무 추구하려고 한다. 기도를 하더라도 일정 체력 이상으로 기도하지 않는다. 피곤하면 '이제 그만' 하면서 철저히 육체에 굴복해서 살아간다. 그러나 우리가 음식을 너무 많이 먹었다면 다이어트까지 하면서 육체를 관리하듯이, 영혼도 그 상태를 세심히 살펴 가며 관리를 해 주어야 한다.

'기도는 아침의 열쇠이자 밤의 자물쇠'라는 말이 있다. 달리 바꾸면 아침에 하는 큐티는 영혼에 하는 세수와 같다는 것이다. 또 저녁 잠들기 전에 하는 기도는 화장을 지우고 씻는 것과 같다. 며칠씩 세수를 하지 않고 잠들었다가 아침이면 회사에 출근하는 사람이 있는가? 이런 사람에게서는 냄새가 난다. 우리 영혼도 이처럼 관리하지 않으면 썩는 냄새가 난다.

성경은 "우리의 겉 사람은 낡아지나 우리의 속사람은 날로 새로워지도다"(고후 4:16)라고 말한다. 그런데 우리는 비록 속사람은 낡아져도 겉 사람은 날로 새롭기 위해 열심히 운동하고 여가 생활을 즐기며 살아간다. 그러니 기도할 시간이 없다. 철저히 육체에 예속되어 있기 때문이다. 성경의 선배들은 어떻게 살았는가? 그들은 영혼의 필요에 따라 육체를 굴복시키며 살았다.

왜 나의 육체가 존재하는지 생각해 보라. 하나님이 선한 일을 할 수 있도록 육체를 주셨다. 썩어질 육체를 살찌우라고 주신 것이 아니다. 건강하게 살았느냐가 하나님이 축복을 주셨다는 증거가 아니다. 나사로처럼 거지였고 온몸이 병들었다 할지라도 그 몸으로 얼마나 속사람을 준비하고 천국을 예비했느냐가 중요하다. 그것이 바로 몸을 주신 하나님께 최선을 다한 삶이다. 이것이 정한 육체의 청지기다.

내 영혼에서 그리스도의 향기가 날 때까지, 내 속사람이 충분히 싱그러워질 때까지, 내게서 하나님의 능력이 흘러나오기까지 주 앞에 무릎 꿇기를 포기하지 말아야 한다.

12. 믿음의 장애물을 넘어서라

기도는 철저한 믿음의 행동이다. "믿음이 없이는 하나님을 기쁘시게 하지 못하나니 하나님께 나아가는 자는 반드시 그가 계신 것과 또한 그가 자기를 찾는 자들에게 상 주시는 이심을 믿어야 할지니라"(히 11:6).

기도하는 사람들이 반드시 가져야 하는 자세는 바로 믿음이다. 믿음이 없이는 주님을 기쁘시게 하지 못한다. 그런데 기도할 때는 반드시 믿음을 방해하는 장애물이 나타난다. 기도하면서 주님을 의지하고 가는데 상황이 더 악화

되고 풍랑이 일어나는 것이다. 그때는 계속 믿음을 가지고 기도하기가 어려워진다. 그럼 어떻게 해야 할까?

믿음을 가로막는 첫 번째 장애물, 두려움

사랑의교회에서 사역할 때였다. 딸이 급성간염으로 눈이 노래지고 배에 복수가 차고 간 수치가 2천까지 오르는 급박한 위기가 찾아왔다. 아빠로서 해 줄 수 있는 일이라곤 기도밖에 없었다. 딸아이를 살려 달라며 주님께 달려갔던 성경 속 야이로의 심정과도 같았다. 야이로처럼 우리 아이에게 주님을 모셔와야 했다. 이것만이 내가 할 수 있는 일이었다.

그런데 주님께 기도할 때마다 두려움이 내 마음을 찾아왔다. '내 딸이 죽으면 어쩌나. 잘못되면 어쩌나' 하는 두려움이 엄습할 때마다 목이 막히고 가슴이 철렁해서 기도할 수가 없었다. 딸아이의 상태를 보면서 마음만 더욱 졸일 뿐이었다. 나는 매일매일 기도하기 전에 먼저 두려움과 싸워야 했다. 나의 씨름은 어쩌면 두려움과의 전쟁이었다. 기도는 살아 계신 주님을 바라보는가, 아니면 상황을 보고 두려워하는가의 싸움이다.

두려워하지 말고 믿기만 하라

마가복음 5장에서 회당장 야이로는 딸이 중한 병이 들어 주님을 자기 집으로 모시고 갔다. 그런데 중간에 혈루증 앓는 여인을 만나 지체되었고 그사이에 딸이 죽었다는 전갈을 받았다. 언뜻 보면 혈루증 앓는 여인 때문에 주님이 지체하셨고, 그래서 딸이 죽은 것 같다. 하지만 지체한 시간은 그리 길지 않았다. 혈루증 앓는 여인이 아니더라도 문 앞에 이르렀을 때 딸이 죽었을 수도 있다. 그러므로 야이로가 주님을 모시고 가는 길에서 진짜 장애물은 혈루증 앓는 여인이 아니라 딸의 죽음이었다.

그러면 야이로에게 혈루증 앓는 여인은 어떤 존재였을까? 그 여인은 믿음의 여인이었다. 야이로는 주님을 딸에게 모시고 가야 낫는다고 믿었는데 여인은 주님의 옷자락에 손만 대도 나을 것이라고 믿었다. 누구도 시도하지 못했던 믿음을 보여 주었다. 야이로는 아마 여인을 보고 주님이 어떤 분이신지를 다시 배웠을 것이다. 그는 기다리는 순간에 믿음을 배운 것이다. 우리는 기다리는 것을 싫어한다. 하지만 기다림의 시간에 믿음을 배운다.

그때 주님이 야이로에게 뭐라고 말씀하셨는가? "예수께서 그 하는 말을 곁에서 들으시고 회당장에게 이르시되 두려워하지 말고 믿기만 하라 하시고"(막 5:36). 야이로는 딸이 죽었다는 말에 억장이 무너지는데 주님은 믿기만 하라고 하셨다. 야이로 안에서는 절망과 믿음이 싸웠다. 그가 두려워하면 주님을 모시고 갈 수가 없고, 그러면 딸은 죽는다. 그가 믿으면 주님을 딸이 죽어 있는 방까지 모시고 갈 수 있고, 그러면 딸은 산다. 믿으면 살고, 두려워하면 죽는 것이다.

주님과 함께 출발했지만 믿음의 여정은 험난하다. 두려움의 파도가 일어난다. 상황은 악화되고 일이 더 안되는 것 같다. 베드로가 물 위를 걷다가 바람을 보고 무서워했듯이 말이다(마 14:28-30). 우리에게는 이처럼 믿음으로 걸어가고 기도하는 순간에도 무서움이 다가온다.

기도는 무엇인가? 두려움과 싸우며 믿음을 잃지 않는 과정이다. 두려워하면 기도할 수 없고, 믿으면 기도할 수 있다.

믿음을 가로막는 두 번째 장애물, 의심

두려움과 싸우면서 기도할 때 계속 공격해 오는 대적은 바로 의심이다.

딸의 치유를 위해 어느 날 밤 청계산에 올라가서 목이 쉬도록 기도했다. 여러 시간 간절히 기도하고는 산에서 내려와 자동차 시동을 거는데 문득 이런 생각이 들었다. '정말 하나님이 나의 기도에 응답하셔서 내 딸의 병을 고쳐 주실까? 내 딸은 기도와 상관없이 의사를 잘 만나고 약을 잘 쓰면 치유되고, 그렇지 않으면 어려운 것 아닌가? 과연 기도가 효력이 있을까?' 의심이 찾아온 것이다. 의심이 찾아오자 힘이 빠졌다. 절망과 근심이 다시 나를 사로잡았다. 너무나 낙심이 되어서 도저히 집으로 운전해 갈 힘이 없었다. 멍하니 오랜 시간을 차 안에 앉아 있었다.

그때 낙심하는 내 마음 한구석에서 이런 내적 음성이 들렸다. '아들아, 너는 목사다. 평생 말씀을 믿고 기도를 믿고 살아야 할 목사다. 만일 네 딸의 운명이 하나님께 달려 있다는 걸 믿지 못하면 평생 너 자신은 믿지 않으면서 하나님은 살아 계신다고 거짓말하면서 살든지, 그렇지 않으려면 목사를 그만둬야 한다. 그러므로 선택은 하나다. 하나님께 맡겼으면 믿어 드리는 것이다. 네가 기도하면 낫는다고 믿어 드려라. 기도하고 나서 다시 그 문제를 붙들고 고민하는 일을 반복하지 말고 이제 그만 믿어 드려라.'

곰곰이 생각해 보니 그동안 열심히 기도하는 일은 잘했는데, 기도하고 구한 것에 대해 하나님을 믿어 드리는 일은 못했다. "그러므로 내가 너희에게 말하노니 무엇이든지 기도하고 구하는 것은 받은 줄로 믿으라 그리하면 너희에게 그대로 되리라"(막 11:24). 기도하고 맡겼으면 주님이 해 주실 것도 믿어야 했다. 그런데 나는 그동안 딸을 주님께 맡겼다가 기도가 끝나면 다시 내 품에 안고 돌아왔다. 그날 나는 차 안에서 결심했다. "이제 기도만 하지 말고 믿어 드리는 일도 잘하자!"

정말 놀랍게도 그때부터 딸이 낫기 시작했다! 내가 집에 와서 기도원에서 있었던 일을 아내에게 이야기했는데 바로 그 시점부터 딸의 병이 눈에 띄게 차도를 보이기 시작했다는 것이다.

의심하지 말고 믿으라

"그리하면 너희에게 그대로 되리라"(막 11:24하). 왜 우리가 기도한 것이 이루어지지 않았을까? 믿음으로 구하지 않고, 받은 줄로 믿지 않았기 때문이다. 우리가 하나님을 믿어 드리는 일만 제대로 한다면 정말로 놀라운 역사가 일어나는 것이다.

기도한 제목이 그대로 이루어지길 원하는가? 그러면 믿으라. 믿어 드리라. 정말 얼마나 놀라운 약속인가! 하나님은 거짓말을 하지 않으신다. 정말로 그렇게 역사하시는 하나님이다. 그러므로 의심하지 말고 그대로 믿으라. "오직 믿음으로 구하고 조금도 의심하지 말라 의심하는 자는 마치 바람에 밀려 요동하는 바다 물결 같으니 이런 사람은 무엇이든지 주께 얻기를 생각하지 말라 두 마음을 품어 모든 일에 정함이 없는 자로다"(약 1:6-8).

STEP 3 핵심 내용

나눔

1. 당신의 기도 생활을 방해하는 다음 장애물들에 1부터 10까지 점수를 매겨 보라. 가장 큰 장애물이 무엇인지 적고, 하나님께 그 장애물을 넘게 해 달라고 간절히 기도하라.

   1) 죄

1	2	3	4	5	6	7	8	9	10

   2) 바쁜 일

1	2	3	4	5	6	7	8	9	10

   3) 사람에게 보이고 싶은 마음

1	2	3	4	5	6	7	8	9	10

   4) 세상 재미

1	2	3	4	5	6	7	8	9	10

   5) 두려움

1	2	3	4	5	6	7	8	9	10

   6) 의심

1	2	3	4	5	6	7	8	9	10

   나의 기도 생활을 방해하는 가장 큰 장애물:

2. 각각의 기도의 장애물들을 대하는 태도가 어떠해야 하는지 이 책을 읽으며 정리하면서 마음속 장애물들도 함께 정리해 보라.

3. 과거에 기도의 장애물을 뛰어넘고 하나님이 주시는 큰 은혜를 경험한 적이 있다면 나눠 보라.

응답받는 기도 훈련

- 장애물을 뛰어넘어 응답의 하늘 문을 열려면

  1. 주님 앞에 무릎 꿇고 죄를 회개하며 긍휼을 구하라.
  2. 아무리 바빠도 기도하라. 기도 생활을 체질화하라.
  3. 세상이 아니라 하나님만 보며 정성을 들여 영혼을 관리하라.
  4. 믿음으로 기도하라. 하나님을 믿어 드리라.

STEP 4

응답받는 기도를 위한

기도의 태도

나는 기도할 때마다
나의 목숨을 걸고 기도합니다.
_윌리엄 부스

13. 소리 내어 부르짖으라

성경을 보면 의외로 기도를 침묵으로 하라는 내용을 찾아보기 힘들다. 하나님을 잠잠히 기다리고, 율법을 묵상하라는 말씀은 많은데, 마음에 있는 염려와 소원을 주님께 아뢰는 기도를 말할 때는 잠잠히 기도하라고 결코 가르치지 않는다. 조금만 유심히 성경을 보면 대부분 기도는 우리의 목소리로 음성을 발하여 주님께 기도하라고 되어 있다. 더 많은 경우 부르짖으라고 한다. 우리가 성경이 가르치는 대로 정직하게 기도한다면 목소리를 내어 간절히 기도하는 일이 얼마나 중요한지 배울 수 있다.

지금 간절한 소원이 있는가?

가장 강력한 기도가 무엇인지 아는가? 바로 간절한 기도다. 간절하게 부르짖는 기도가 가장 강렬하게 하나님의 마음을 움직인다. 그래서 애통하는 심령이 복이 있다. 심령이 가난한 자가 복이 있다. 하나님이 그들의 하나님이시기 때문이다(마 5:3-4). 애타게 부르짖는 자녀의 소리를 들을 때 부모의 심정이 어떻겠는가? 간절하게 부르짖는 마음에는 주님을 진정으로 소망하는 마음이 있다. 그 마음에는 허례허식이 없다. 간절하게 부르짖는 사람에게는 구체적인 소원이 있다.

맹인 바디매오가 주님께 부르짖었을 때 주님은 "네게 무엇을 하여 주기를 원하느냐"라고 물으셨다. 그때 바디매오는 지체 없이 "주여 보기를 원하나이다"(눅 18:41)라고 대답했다. 지금 만약 주님이 우리에게 같은 질문을 하신다면 과연 무엇이라고 답하겠는가? 바디매오처럼 지체 없이 이야기할 소원이 있는가? 벤 스타인(Ben Stein)은 이렇게 말했다. "원하는 것을 얻기 위해서 가장 먼저 해야 할 행동은 내가 뭘 원하는지 결정하는 것이다." 하나님께 나아가 기도 응답을 받았던 사람들에게는 분명하고 간절한 소원이 있었다. 한나는 자식을 원했다. 수로보니게 여인은 딸이 낫기를 원했다. 과부는 억울한 원한이 풀어지길 원했다. 히스기야는 병이 낫기를 원했다.

간절한 소원을 가지라

E. M. 바운즈는 "소원은 기도에 열정을 준다. 강한 욕망이 강한 기도를 만들어 낸다. 기도를 소홀히 하는 것은 영적인 갈망이 죽었다는 무시무시한 징후다. 소원 없이 진정한 기도는 있을 수 없다"고 말했다. 응답받는 기도의 첫 번째 자세는 간절한 소원을 가지는 것이다. 우리 기도가 이리저리 헤매지 않고 강력한 열망으로 나아가려면 먼저 내가 무엇을 원하는지 알아야 한다. 내 꿈이 무엇인지, 우리 마음에 소원을 두고 행하게 하시는 주님의 뜻이 무엇인지 알아야 한다. 내 마음이 무엇을 원하는지 알고 싶다면 구체적인 기도 제목을 작성해 보는 것이 좋다.

부르짖음으로 마음에 가득한 것을 터트리라

강력한 소원을 가졌으면 그다음에는 부르짖어야 한다. 맹인 바디매오는 부르짖었고, 수로보니게 여인도 부르짖었다. 주님이 "하물며 하나님께서 그 밤낮 부르짖는 택하신 자들의 원한을 풀어 주지 아니하시겠느냐 그들에게 오래 참으시겠느냐"(눅 18:7)라고 말씀하시지 않았는가.

부르짖는 기도는 곧 전심으로 주님을 찾는 행위다. 우리는 마음에 가득한 것을 입으로 말한다. 마음에 주님을 찾는 마음이 가득하니까 부르짖음으로 드러나는 것이다. 우리 마음속에 전심으로 주님을 향해서 간청하고 싶은 것이 가득한데 어떻게 속으로만 말할 수 있겠는가. 그래서 주님은 우리에게 부르짖으라고 하시는 것이다. 우리가 부르짖을 때 더욱 전심으로 우리 마음을 주님께 드릴 수 있다. 설사 기도할 마음이 없더라도 우리가 입술을 열어 의지적으로 소리 내어 기도하기 시작하면 우리 마음에 기도의 열정이 생긴다. 말이 우리의 마음을 주장하는 것이다.

성경은 우리 혀가 온몸을 제어한다고 말한다(약 3:3). 우리가 말을 어떻게 하느냐가 우리의 행위를 결정하고, 우리의 마음을 결정한다. 이것이 말의 능력이다. 이스라엘이 원망할 때 주님은 그들의 말이 주님의 귀에 들린 대로 행하겠다고 하셨다(민 14:28). 이처럼 말은 우리의 삶을 주장한다. 그렇다면 기도 소리야말로 우리의 삶을 주장하지 않겠는가. 우리가 의지적으로 입술을 열어서 하나님께 기도하기 시작하면 그 말이 우리의 마음을 주장하여 감동을 준다.

그러므로 우리는 소리를 내어 기도해야 한다. 할 수 있으면 더욱 힘 있게 소리를 내어 하나님께 마음을 실어 기도해야 한다. 그럴 때 우리는 전심으로 기도하게 되고, 전심으로 기도할 때 주님이 우리의 기도를 들어주신다. 성령은 우리가 전심으로 주님을 찾고 부르짖게 하신다. 부르짖어서 기도할 때 성령이 임하신다. 주님을 향해서 기도의 입술을 열어 보라. 그때 놀라운 역사가 일어나기 시작한다.

부르짖음으로 주님의 긍휼에 호소하라

부르짖음은 불쌍히 여겨 달라는 호소다. 맹인 바디매오는 자신을 불쌍히 여겨 달라고 부르짖었다. 수로보니게 여인도 그랬다. 불교에는 부르짖는 기도가 없다. 그저 염불과 수행뿐이다. 그들은 공로를 의지하기 때문이다. 그러나 하나님은 우리의 아버지시다. 자녀는 위급하면 부모를 향해 부르짖는다. 필요하면 떼를 쓰고 부모를 부른다. 부르짖음은 이처럼 부모와 자녀 관계에서만 가능한 일이다.

사무엘이 이스라엘을 위해서 미스바에서 하나님께 부르짖어 기도하자 하나님이 우레로 블레셋을 어지럽게 하셨다(삼상 7:10). 왜 그런가? 우리가 부르짖을 때 아버지의 마음이 뜨거워지기 때문이다.

초등학생 때 아버지와 저수지에 놀러간 적이 있다. 나는 저수지 얕은 곳에서 튜브를 타고 놀았고, 아버지는 고모부와 둑 아래 개울에서 낚시를 하셨다. 그런데 내가 타고 있던 튜브가 자꾸 저수지 수문 쪽으로 빨려 들어가는 게 아닌가! 아무리 손으로 저어도 물살에 휘말려 들어갔다. 겁을 먹은 나는 온 힘을 다해 아버지를 불렀다. 그러자 정말 순식간에 아버지가 저수지 둑 위로 뛰어올라와 나를 구해주셨다. 낚시를 같이하던 고모부의 말에 의하면, 아버지가 내 부르짖음을 듣고 정말 한걸음에 뚝방을 오르셨다고 한다. 아들의 다급한 부르짖음에 아버지의 마음이 얼마나 놀라며 뜨거워졌을까.

하나님은 우리를 그처럼 사랑하시기에 우리가 부르짖으면 하나님의 마음도 그렇게 뜨거워진다. 우리를 불쌍히 여기는 마음으로 가득 찬다. 부르짖음은 이렇게 아버지의 긍휼의 마음에 호소하는 것이다.

부르짖을 때 응답하신다

성경은 너무나 많은 곳에서 하나님의 사람들이 부르짖을 때 응답받은 사례를 말해 준다. 모세는 이스라엘이 어려움을 당할 때마다 부르짖음으로 하나님의 응답을 경험했다. 다윗도 마찬가지였다. 누군가 윌리엄 부스에게 "당신의 기도 응답의 비결은 무엇입니까?"라고 물었다. 그러자 그는 이렇게 답했다. "나는 기도할 때마다 나의 목숨을 걸고 기도합니다." 부르짖는 기도가 기도 응답의 비결이었던 것이다.

어느 전도사님의 어머니가 유방암, 혈액암, 피부암 진단을 받았다. 그분이 하나님께 기도하기 시작하자 얼마나 간절하게 부르짖는지 온 교회가 다 알았다. 너무나 크고 간절하게 부르짖으니까 무슨 난리가 난 줄 알았다. 그렇게 일주일을 부르짖었는데 전도사님의 목에서 피가 나왔다. 그리고 그 어머니에게 기적이 일어났다.

당신에게는 간절한 소원이 있는가? 원한이 있는가? 고통이 있는가? 꼭 해결되길 간절히 바라는 문제가 있는가? 부르짖으라. 간절히 기도하라. 전심으로 기도하라. 그러면 하나님이 반드시 들어주신다.

나는 한국 교회가 부흥한 원인이 부르짖는 기도라고 생각한다. 서구에는 부르짖는 기도가 없다. 얼바나 대회에 참석한 적이 있는데, '통성 기도 하자'는 표현이 'Korean Prayer'였다. 서구 교회 성도들에게는 부르짖는 기도가 익숙하지 않은 것이다. 오늘날 한국 교회에 부르짖는 기도가 사라지고 있다. 그렇기에 능력도 사라지는 것이다. 우리가 소리 내어 부르짖어 기도할 때 능력이 임한다. 부르짖는 기도를 부끄러워하지 말라. 오히려 부르짖어 기도하지 못하는 것을 부끄러워해야 한다.

용기를 내어 소리 내고 부르짖어 기도하기 시작해 보라. 처음에는 내 귀에 들릴 정도로만 소리를 내라. 그러다가 익숙해지면 소리를 더 높여라. 때로는 내 마음이 온전하지 못해도 내가 입술로 기도할 때 그 말이 내 마음을 주장하곤 한다. 그냥 가만히 있지 말고 힘들면 부르짖어서 표현하라. 함께 기도할 때 소리를 내 보고, 혼자서 차 안에서 운전하면서 "아버지, 불쌍히 여겨 주세요!"라고 부르짖어 기도해 보라. 그러면 정말 역사가 일어난다. 부르짖음에 능력이 있음을 기억하라.

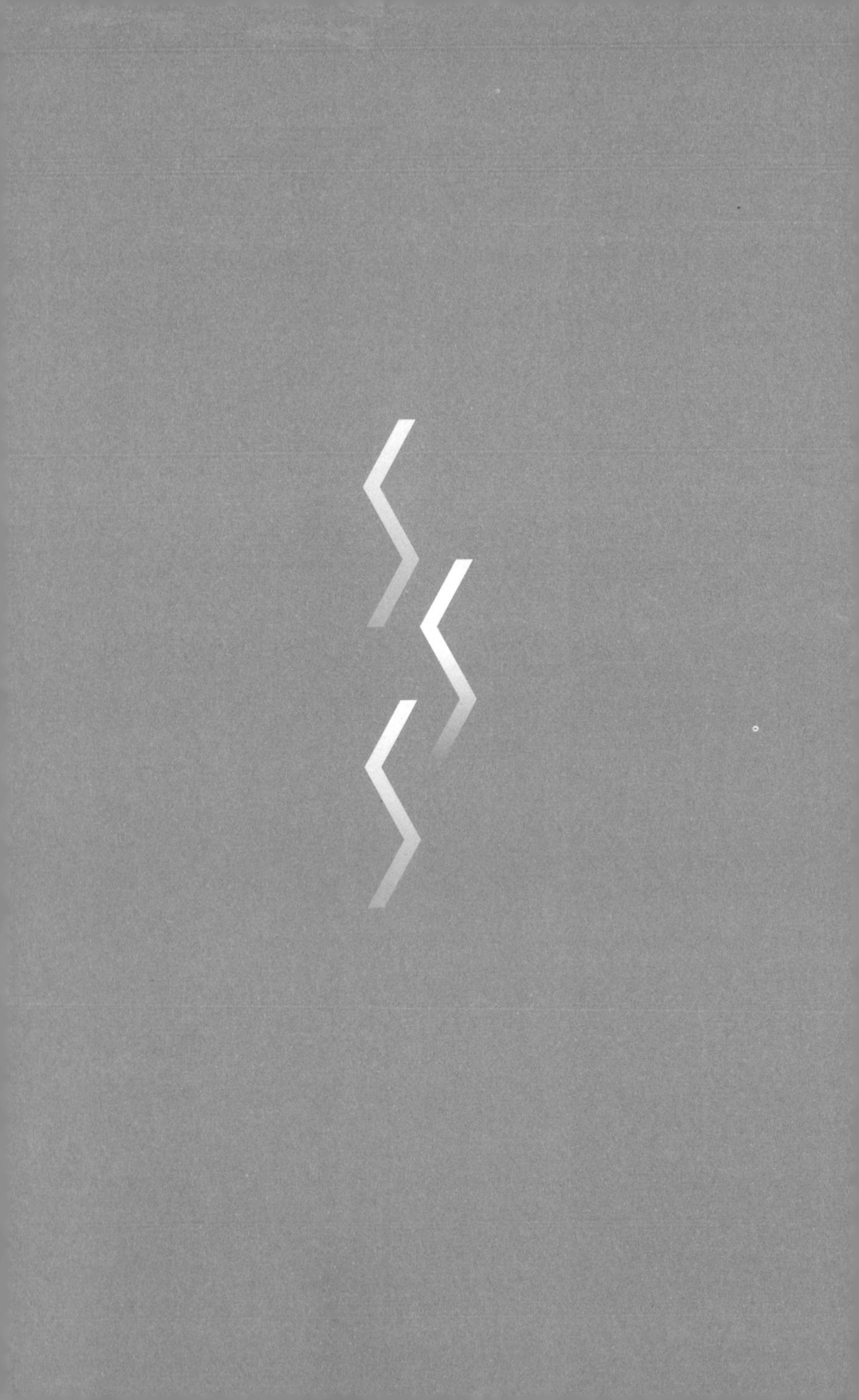

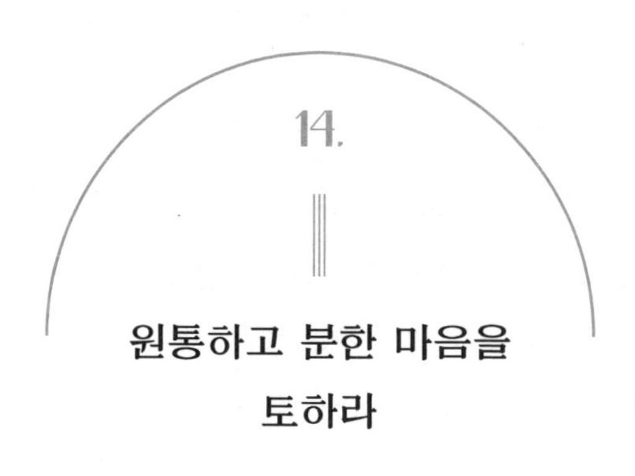

14. 원통하고 분한 마음을 토하라

사람들이 원통하고 분할 때 반응하는 세 가지 유형이 있다고 한다. 첫째, 분노의 감정을 폭탄처럼 터트리고 화산처럼 분출시키는 유형의 사람들이다. 그들은 악을 쓰고 겁을 주고 폭력을 휘두른다. 그러나 값비싼 대가를 치르고 복수를 당한다. 둘째, 참는 사람들이다. 화를 내면 미성숙하다고 여기거나 죄라고 생각해서 괜찮은 척한다. 하지만 속이 곪는다. 결국 우울증, 위궤양, 신경과민, 고혈압에 시달린다. 셋째, 참지도 못하고 화를 찔끔찔끔 흘리는 유형의 사람들이다. 폭발하지 않지만 비판하고 빈정댄다. 반항하고 비협조적이다. 노골적으로 분노를 표현하진 않지만 교묘하게 분풀이를 한다. 속으로 앙심을 품고 주변 사람을 긁어 놓고 험담과 불평을 한다. 이런 사람도 점차 주변 사람들이 떠나고 만다.

세 가지 모두 잘못된 방식이다. 누군가에게 피해를 준다. 자신이든, 상대방이든, 가족이든 망가지게 한다. 그러면 그리스도인은 원통하고 분할 때 어떻게 해야 할까?

하나님께 마음을 토하라

유진 피터슨(Eugene Peterson)은 이렇게 말했다. "우리는 증오심을 억압시켜야 하는 게 아니라 기도로 쏟아 내야 한다."

성경의 브닌나와 한나에게는 공통점이 있다. 둘 다 상처가 있었다. 브닌나는 남편에게 사랑받지 못했다. 한나는 자식이 없었다. 차이점도 있었다. 브닌나는 자신의 상처로 한나를 괴롭혔다. 그런데 한나는 상처로 인해 하나님께 은혜를 입었다. 그 차이점 사이에 기도가 있다.

"여호와 앞에 내 심정을 통한 것뿐이오니 … 나의 원통함과 격분됨이 많기 때문이니이다 하는지라"(삼상 1:15-16). 한나는 여호와 앞에 심정을 통했다고 말했다. 새번역 성경은 "마음을 쏟아 놓았다", 공동번역 성경은 "속을 털어놓았다"라고 번역하고 있다. 우리는 하나님 앞에 심정을 토하는 기도를 할 줄 알아야 한다. 이 말은 순순히 '사랑하게 해 주세요. 용서하게 해 주세요'라는 의미가 아니다. 우리는 마음과 감정에 솔직하게 기도할 필요가 있다. 화나면 화난다, 미우면 밉다, 불의함을 심판해 주시고 무례함을 그냥 두지 마시라고 기도할 수 있다. 마음에 분노를 가득 담고서 용서하는 척하는 기도는 오히려 가짜 경건이다.

하나님은 우리와 꾸며진 이미지가 아니라 진정한 모습으로 관계를 맺고 싶어 하신다. 우리가 정답을 가지고 기도하는 것이 아니라 정직함으로 기도하길 원하신다. 그러므로 우리 안에 있는 모든 감정을 있는 그대로 말씀드려야 한다.

과거 우리 어머니들의 힐링 캠프는 바로 교회였다. 여인들이 이 사회에서 얼마나 많은 핍박을 받았는가. 정말 과거 우리 어머니들은 한나 같은 처지였다. 그들이 어떻게 대한민국과 한국 교회를 일구는 위대한 어머니들이 되었는가? 그들은 교회에 와서 울었다. 울면서 억울함과 원통함을 하나님 앞에 다 쏟아 냈다. 새벽 기도, 철야 기도를 하고 기도원에 올라가서 우는 것이 그들의 해결 방법이었다. 그러면 다시 이길 힘을 얻었다. 내 분노로 자식들과 주변 사람이 상하지 않게 하고 가정을 세워 가고 교회를 일으킨 것이다. 그러므로 마음을 토하는 기도는 매우 중요한 기도다.

내 원한을 갚아 달라고 탄원하라

우리가 화가 나서 누군가에게 쏟아 놓고 한바탕 울면 잠시 위로는 되지만 근본적으로 감정이 풀리진 않는다. 억울한 상황 그 자체가 해결되진 않기 때문이다. 근본적인 문제는 원통하고 불의한 상황에 대해서 공의로운 심판이 이루어져야 비로소 해결된다. 실제로 억울함이 풀려야 마음에 진정한 위로를 받는 것이다.

누군가 폭행을 당하거나 사기를 당했다. 그러면 친구에게 하소연하고 울면 끝나는가? 여전히 억울하다. 그래서 변호사 친구를 찾아갔더니 고소하면 된다고 해서 고소를 했다. 그랬더니 분노가 좀 진정되었다. 법이 곧 공의를 세워 줄 것을 신뢰하기 때문이다.

이것이 바로 억울함에 대한 기독교적인 해결 방식이다. 하나님은 자신을 의로우신 재판관이라고 하셨다. 그러므로 억울하고 원통한 일, 격분되는 일이 있으면 공의로운 재판관이신 하나님께 아뢰라는 것이다. 그러면 하나님이 원한을 풀어준다고 하셨다. 우리가 마음을 쏟을 때 우리는 주님께 탄원하는 것이다. "내 사랑하는 자들아 너희가 친히 원수를 갚지 말고 하나님의 진노하심에 맡기라 기록되었으되 원수 갚는 것이 내게 있으니 내가 갚으리라고 주께서 말씀하시니라"(롬 12:19).

심정을 통하는 기도는 바로 원통함을 재판장이신 하나님께 쏟아 놓는 것이다. 억울함을 풀어 달라고 하나님께 맡기고, 원수를 하나님의 진노에 맡기고, 자기는 격분됨에서 벗어나는 것이다. 이렇게 기도하고 맡기면 상처에 매여 복수심의 노예가 되지 않는다. 하나님이 풀어 주실 것이라는 확신으로, 믿음을 가지고 자기만의 길을 갈 수 있다.

복수심을 내려놓고 용서의 길을 가라

누군가에 대한 복수심이나 미움을 쉽게 내려놓지 못하는 이유가 무엇일까? 바로 공의에 대한 억울함 때문이다. 성경이 우리에게 복수심을 내려놓고 오히려 원수를 사랑하라고 할 때는 항상 전제가 있다. 하나님이 친히 원수를 갚으신다는 것이다. 우리가 하나님께 원통함을 아뢰고, 공의로우신 하나님께 고소함으로 맡기면 하나님은 "이제 내가 알아서 할 테니 너 자신을 위해서 미움에서 벗어나라. 너를 위해서 용서하라"고 하신다. 결국 심정을 통하는 기도는 용서하는 기도로 나아간다.

용서란 우리가 그 사람의 죄를 사면해 주는 것이 아니다. 죄의 사면은 오직 하나님만 하신다. 용서는 '꽉 붙잡고 있는 것을 놓는다'는 의미다. 즉 우리가 복수심을 내려놓는 것이 용서다. 우리의 기도는 여기까지 나아가야 한다.

그런데 우리가 '용서해야지' 한다고 해서 용서되는 것이 아니다. 한나처럼, 다윗처럼 하나님께 마음을 토해야 용서할 수 있는 힘을 얻는다. 그때 복수심을 내려놓을 수 있다. 아직 미움, 분노, 복수심이 남아 있다면 충분히 하나님께 아뢰지 못한 것이다. 맡기지 못했기에 믿음이 없는 것이다. 그 마음 그대로 하나님께 아뢰라. 그것이 진짜 믿음이고 경건이다.

내 아픔에서 나아가 시대의 아픔을 두고 구하라

기도는 약자의 감상이 아니다. 기도 속에는 공의

로우신 하나님께 맡기는 분명한 믿음이 있다. 그러므로 기도는 교회의 유일한 무기다. 다윗은 계속 억울한 일을 당하지만 복수하지 않았다. 대신 밤낮 부르짖었다. 원한을 풀어 달라고 하나님께 공의의 심판을 구했다. 결국 하나님은 사울을 멸하시고 다윗을 세우셨다. 마침내 기도 속에서 하나님의 공의의 심판이 시행되고, 악한 자는 망하고 교회가 서는 것이다.

간절히 기도하는 곳에 하나님의 통치가 이루어진다. 그러므로 원한을 풀어 달라는 기도는 단지 개인을 위한 기도가 아니다. 이 땅에 공의가 이루어지게 해 달라는 기도다.

세상은 날로 악해져 간다. 우리가 과연 원한을 주님께 기도하지 않고, 주님이 풀어 주신다는 믿음이 없다면 어떻게 될까? 우리도 똑같이 분노하고 앙갚음하는 사람이 되고 말 것이다. 그래서 결국 주님이 오실 때 심판의 대상이 될 것이다. 그러므로 오늘 원한을 풀어 달라고 하나님께 맡기는 기도는 우리를 살리는 기도다. 억울함을 풀어 달라는 기도는 이 땅에 하나님의 공의를 불러온다. 결코 내가 복수하려 하지 말라. 오히려 선대하고 사랑할 때 하나님이 갚아 주실 것이다. 우리는 기도하고 주님의 갚아 주심을 기다리는 사람들이다.

15. 끈질기게 강청하라

우리가 간절한 소원을 품고 하나님께 부르짖어서 마음을 표현할 때 그것이 진정한 열망인지 테스트를 받아야 할 때가 있다. 한때 감정적으로 부르짖었지만 금방 사라지는 경우도 많기 때문이다. 무엇이든지 진정한 것에는 의지가 뒷받침되는 법이다. 시간이 지나도 쉬이 사라지지 않는다. 방해가 있고 어려움이 닥쳐도 식지 않는다. 그래서 끈기 있는 기도가 응답받는 것이다.

많은 사람이 처음에는 열심히 기도하다가 시간이 지나

면 차츰 소원이 시들해진다. 더 이상 간구하지 않는다. 결국 응답은 끝까지 소원을 품고 기도한 자가 받는 것이다. 주님은 결국 우리를 통해서 일하신다. 하나님이 좋은 것을 주셨는데 받은 사람의 소원이 쉽게 꺾이고 만다면 과연 응답을 주신들 그 사람이 그것을 감당해 낼 수 있을까.

성경에서 우리에게 끈기 있게 기도할 것을 가르쳐 주신 분은 예수님이시다. 특별히 주님이 우리에게 끈기 있게 기도하라고 말씀하신 비유는 친구의 간청 이야기다.

어떤 사람에게 밤늦게 여행 중인 친구가 찾아왔다. 갑작스러운 방문인지라 집에 대접할 음식이 없었다. 옆집에 사는 친구에게 떡 세 덩이를 빌리러 갔다. 그런데 그 친구가 핑계를 대며 주질 않았다. 빌리러 온 친구도 순순히 물러나지 않았다. 주님은 이를 두고 "내가 너희에게 말하노니 비록 벗 됨으로 인하여서는 일어나서 주지 아니할지라도 그 간청함을 인하여 일어나 그 요구대로 주리라"(눅 11:8)라고 말씀하셨다. 친구의 우정 때문이 아니라 졸라 대서 준다는 말이다. 이 말씀을 어떻게 이해해야 할까?

자녀 됨으로 뻔뻔하게 구하라

내가 만약 이 정도의 일로 친구 목사에게 밤 12시에 전화해서 급하다고 먹을 것을 챙겨 달라고 한다면 어떻게 될지 생각해 보았다. 귀찮긴 하지만 친구 부탁이니까 들어줄 것 같았다. 그런데 왜 예수님은 벗 됨을 인해서는 주지 않는다고 말씀하셨을까? 문득 '둘이 친하지 않구나'라는 생각이 들었다. 예수님이 말씀하신 전제가 관계가 돈독하지 않은 친구 관계라는 생각이 들었다. 우리도 연락이 없던 친구가 갑자기 돈을 빌려 달라고 찾아오면 바쁘다며 피하지 않을까? 그러니까 벗 됨이 아니라 간청하니까 준다는 말이다.

그런데 주님이 왜 이런 비유를 가르쳐 주셨을까? 우리는 벗 됨을 기초해서 하나님께 무엇을 달라고 하기에는 하나님께 신실한 친구가 아니기 때문이다. 우리는 죄인이다. 자기의 행위를 들고 나왔던 바리새인처럼(눅 18:11-12) 벗 됨으로는 주님의 기준에 도달할 수가 없다. 그런데도 주님은 간청하라고 하셨다. 자격이 부족해도 주님 앞에 나아가서 거듭 구해도 된다고 하셨다.

왜 그런 일이 가능한가? 주님이 우리를 위해 죽으셨기 때문이다. 그래서 우리가 하나님의 자녀가 되었기 때문이다. 그러므로 벗 됨이 아니라 자녀 됨을 믿음으로 나아가라는 뜻이다.

자녀의 특징은 예의 바름이나 공손함이 아니다. 우리 아이들이 나를 대하는 태도가 우리 교회 중고등부 학생들이 나를 대하는 태도와 어떻게 다를까? 바로 뻔뻔함이다. 우리 아이들은 마치 자기 돈을 맡겨 놓은 것처럼 용돈을 달라고 한다. 갖고 싶은 것이 있으니 사 달라고 조르기 일쑤다. 끈질기다. 왜? 내가 아빠이기 때문이다. 아이들은 아빠가 자신을 사랑한다고 믿기 때문에 끝까지 요구한다.

마찬가지로 우리가 하나님의 자녀라는 증거가 무엇일까? 뻔뻔함이다. 끈기다. 그래서 주님은 이렇게 기도하라고 말씀하셨다. "내가 또 너희에게 이르노니 구하라 그러면 너희에게 주실 것이요 찾으라 그러면 찾아낼 것이요 문을 두드리라 그러면 너희에게 열릴 것이니"(눅 11:9).

구하라, 찾으라, 두드리라

'구하라, 찾으라, 두드리라'는 점층적인 의미를 지니고 있다.

먼저, '구하라'는 헬라어 '아이테오'로 윗사람에게 요청하는 말이다. 매우 겸손하고 공손한 의미다. 그러므로 관계로 볼 때 '구하라'는 점잖게 기도하는 자세다. 아마 친구도 처음에는 미안한 마음으로 호의를 바라면서 공손하게 구했을 것이다. 이는 전적으로 주는 사람의 호의에 기대는 기도다.

다음으로, '찾으라'는 '구하라'보다 적극적인 태도다. 요청하는 차원을 넘어서 얻으려고 애쓰는 태도다. 설득하든, 설명하든 상대방과 씨름을 한다. "우리, 친구 아니냐. 내가 나중에 네가 필요할 때 도와줄게. 지금은 네가 날 도와주렴." 이런 식으로 설득한다. 여기엔 구하는 사람의 의지가 들어간다. 이 단계는 주는 사람의 의지 50%, 구하는 사람의 의지 50%가 반영되어 있다. 50 대 50의 관계다.

마지막으로, '두드리라'는 '찾으라'보다 한 단계 더 나아간다. 귀찮게 조르는 것이다. 강력하고 확고한 의지로 매달리는 것이다. 주는 사람은 줄 마음이 없는데 구하는 사람은 받아야겠다는 의지가 충만하다. 구하는 자의 의지가 100%다. 이는 현재 능동태 분사로서, 계속 지속되는 상태를 표현하는 시제가 쓰였다. 문이 열릴 때까지 멈추지 않고 두드리는 것이다. 버릇없는 모습일까? 아니다.

자녀 됨을 생각해 보라. 우리가 어릴 때는 집에 가면 초인종이 있었다. 학교를 갔다 오면 초인종을 눌렀다. 엄마가 나오지 않으면 나올 때까지 계속 눌렀다. 그렇게 계속 누르는 사람은 자녀밖에 없다. 자녀 됨의 관계에서 두드림은 끈기와 담대함을 의미하는 것이다.

자녀 됨의 믿음으로 기도하라

그러므로 주님은 우리에게 자녀 됨의 믿음으로 기도하라고 하신다. 하나님이 아버지시라는 사실을 믿고 담대하고 뻔뻔하고 끈질기게 기도하라. 끈질긴 기도야말로 아버지를 믿는 자녀들이 드리는 믿음의 기도다.

내가 우리 교회 중고등부 학생들에게 밥을 사 주면 그들은 고맙다고 공손하게 인사를 한다. 하지만 우리 아이들은 아빠가 밥을 사 주는 것이 당연하다. 아들과 딸이니까 사랑받는 것이 마땅하다. 철 따라 옷을 사 달라고 하고, 밤이면 치킨을 사 달라고 담대하게 조른다.

예수님이 우리를 위해 십자가에 죽으셨고, 그 공로로 우리가 하나님의 자녀가 되었다는 사실을 믿는가? 그러면 하나님 앞에 자녀 됨으로 나아갈 수 있다. 주저하지 말고 기도하라. 끝까지 기도하라. 주님은 우리가 그런 믿음을 갖고 기도하길 가르치신다.

우리가 어떤 믿음을 가졌는지는 기도를 통해 드러난다. 기도가 왜 능력인가? 믿음을 드러내기 때문이다. 기도의 길이는 믿음의 길이요, 기도의 담대함은 믿음의 담력이다. 기도의 끈질김은 믿음의 끈질김이다. 주님은 기도를 통해서 우리의 믿음을 보신다. 그러므로 끈질기게 믿음을 가지고 기도하라. 주님은 자녀에게 좋은 것으로 응답해 주신다.

끈질긴 기도로 더 깊은 관계로 들어가라

양이 질을 낳는다. '구하라, 찾으라, 두드리라'는 기도의 강도만이 아니라 깊이도 말한다. 주님은 끈질긴 기도를 통해서 우리의 기도가 더 깊어지길 바라신다.

우리는 대부분 처음에는 자신의 필요를 구하러 하나님께 나아간다. 기도를 통해 삶의 필요를 응답받으면, 다음에는 삶의 가치를 찾는다. 참된 행복, 의미 있는 삶을 바란다. 그다음은 어디일까? 바로 하나님을 만나는 것이다. 우리는 기도의 각 단계를 거쳐 하나님께 다가간다. 평소에 기도를 안 하다가 갑자기 깊은 단계에 이르는 것이 아니다. 끈기 있게 기도하는 사람만이 기도의 깊은 단계까지 들어갈 수 있다.

삶에서 성령의 은혜를 경험하고 주님을 깊이 만난 적이 언제인가? 아마 예외 없이 끈질기고 깊이 기도했던 때일 것이다. 혹시 지금 영적으로 빈곤한가? 끈기 있는 기도를 잃어버렸기 때문이다. 우리는 과거보다 지적으로 더 발전했다. 신학도 알고 제자 훈련도 받는다. 그런데 무지했던 선조보다 하나님의 영광을 아는 지식은 적다. 바로 기도의 차이다.

하나님이 우리에게 주시는 가장 좋은 것은 바로 성령이다. 우리가 왜 끈기 있게 기도해야 할까? "너희가 악할지라도 좋은 것을 자식에게 줄 줄 알거든 하물며 너희 하늘 아버지께서 구하는 자에게 성령을 주시지 않겠느냐"(눅 11:13). 지금 우리에겐 누가복음 11장의 친구처럼 떡이 없다. 우리에게 필요한 떡은 성령이다. 성령의 능력이 필요하다. 그런데 성령은 우리가 끈질기게 기도할 때 임하신다.

날마다 성령을 구하라. 성령을 구하는 곳에 하나님의 능력이 나타난다. 기쁨과 평안과 치유가 깃들고 하나님의 나라가 임할 것이다.

16. 지속적으로 기도하라

가장 큰 응답은 지속적인 기도에서 나온다

성경의 위대한 기도 현장과 응답의 역사는 바로 습관화된 기도의 결과였다. 베드로와 요한이 나면서 못 걷게 된 사람을 일으킨 기적도 그들이 기도 시간에 기도하러 성전에 가다가 경험한 일이었다(행 3:1-10). 예수님의 겟세마네 기도도 습관을 따라 감람산에 올라가신 것이었다. 다니엘이 사자 굴 속에서 하나님께 기도드리고 살아남았던 것도 매일 그가 하루 세 번씩 드리는 기도 습관대로 기도했기 때문이었다(단 6장).

이렇게 기도의 가장 위대한 응답 비결은 체질화된 기도, 끈질기고 지속적인 기도에 있다. 38년간 성전에서 기도한 여선지자 안나도 주야로 성전을 떠나지 않고 기도와 금식으로 하나님을 섬기는 중에 예수님을 만났다(눅 2:36-38). 주님도 제자들이 기도를 가르쳐 달라고 했을 때 친구의 간청하는 이야기를 말씀하시며 끈질기게 기도하라고 하셨다. 왜 이토록 기도를 매일 반복적으로 지속해서 드려야 할까?

기도하지 못하게 막는 일상의 영적 싸움을 이겨 내라

어떤 이들은 기도에서 대화가 전부라고 생각한다. 하지만 성경은 기도를 대화 이상의 것으로 말한다. 신구약 성경 전체를 봐도 기도가 쓰일 때 응답과 연관되지 않은 경우는 거의 없다. 우리는 하나님의 위대한 계획이 있어 부르심을 받았다. 그 일을 위한 무기로 주님은 우리에게 '기도'를 주셨다. 그런데 사탄은 어떻게든 하나님 나라가 확장되는 것을 막으려고 한다. 그래서 기도의 현장에는 영적 싸움이 있음을 잊지 말아야 한다.

마귀는 우리가 말씀을 듣고 기도를 하면 삶에 놀라운 변화가 일어난다는 것을 알기에 결코 가만히 두지 않는다. 우리가 뭔가 결심을 하면 당장에 눈치를 채고 그 결심을 흔들 전략을 짠다. 그리고 우리 마음이 흐트러지도록 여러 가지 공격을 한다. 그러므로 기도 응답으로 가는 자리에는 언제나 방해와 시험이 있다. 응답의 축복은 바로 그 시험과 방해를 이긴 자들의 것이다. 물론 우리는 넘어지고 실수할 수 있다. 하지만 주님이 늘 우리를 다시 일으켜 세우신다.

기도의 높은 경지로 나아가려면 우리는 삶 속에서 벌어지는 무수한 장애물을 뛰어넘어 기도의 승리를 쟁취해야만 한다. 그러므로 우리도 인내와 간청, 거룩한 투쟁, 삶을 걸 만큼 진지한 태도로 전투에 임해야 한다. 주님은 우리가 흔들리지 않는 모습으로 주님 앞에 서기까지 최고의 축복을 보류해 두신다. 만약 아브라함이 일찌감치 이삭을 받았다면 믿음의 조상이 되지 못했을 것이다. 이처럼 주님은 믿음의 그릇을 준비한 자에게 응답의 축복을 담아 주신다.

그러므로 일상을 흔드는 도전을 이기고 흔들림 없이 기도하는 자리로 나아오라. 매일의 영적 싸움에서 이기고 경건의 일상화, 기도의 습관화가 이루어질 때 우리 삶 속에 진실로 위대한 축복이 드러날 수 있다.

기도 응답을 지연시키는 영적 싸움에서 이겨라

마귀는 우리가 기도하지 못하게 막을 뿐 아니라 기도 응답 자체를 막기도 한다. 다니엘의 기도에서 그 경우를 볼 수 있다. "그런데 바사 왕국의 군주가 이십일 일 동안 나를 막았으므로 내가 거기 바사 왕국의 왕들과 함께 머물러 있더니 가장 높은 군주 중 하나인 미가엘이 와서 나를 도와주므로"(단 10:13). 다니엘이 기도를 시작할 때 이미 하나님이 응답하셨는데, 마귀가 막았다. 그래서 응답이 될 때까지 21일이 걸렸다.

예를 들어, 어떤 사람이 문제를 해결해 달라고 하나님께 기도했다고 하자. 하나님은 그 기도에 응답하셨다. 천사가 응답을 가지고 문제를 해결해 줄 사람의 마음을 두드렸다. 그러면 마귀가 가만히 있을까? 아니다. 곧 해결자 되는 사람의 마음을 강퍅하게 할 공격을 보낸다. 결국 우리가 기도하는 순간, 대상자의 삶 속에서 영적 전쟁이 일어나는 것이다. 우리가 끈질기게 기도해서 그 방해 세력을 몰아내야만 응답이 우리 삶에 실현될 수 있다.

기도를 단지 하나님과 대화하는 것만으로만 축소시키면 기도의 영적 투쟁, 겨루어서 이기는 승리의 축복을 잃어버릴 뿐 아니라 기도의 목표인 응답을 놓칠 수도 있다. 웨슬리 듀웰(Wesley Duewel)은 "하나님은 우리가 강청 기도를 배워 주님의 중보 기도의 동료가 될 때까지 최고의 응답을 보류해 두신다"라고 했다. 아직 내 인생에 주님이 주실 최고의 기도 응답은 이루어지지 않았다. 끈질기게 지속적으로 주님께 구하라. 끝날 때까진 끝난 게 아니다. 끝까지 믿음의 싸움을 이겨 내야 한다.

지속적인 기도는 어떻게 드릴까?

═ 어떤 문제를 가지고 반복적으로 기도하라

기도의 반복을 염려하는 사람들도 있다. 하지만 존 칼빈은 "우리는 동일한 탄원을 두세 번이 아니라 필요한 만큼 백 번이고 천 번이고 반복해서 한다. 우리는 하나님의 도움을 기다리는 것에 결코 지치지 말아야 한다"고 했다. 오스왈드 챔

버스(Oswald Chambers)도 “기도의 반복은 하나님과 흥정하는 것이 아니라 기도의 기쁨에 찬 고집”이라고 했다. E. M. 바운즈는 “우리는 공허한 중언부언이 아니라 긴박성을 띤 반복을 통해 간청하는 것이다. 우리는 횟수를 세기 위해서가 아니라 기도를 쟁취하기 위해서 되풀이해 말한다”고 했다. 또 다른 기도의 거장 R. A. 토레이(R. A. Torrey)는 “비록 사람이 하나님으로부터 그가 필요로 하는 바를 얻는 데 수년이 걸린다 할지라도 거듭거듭 되풀이하여 간구하도록 강요받는 훈련보다 더 축복스런 기도 훈련은 존재하지 않는다”고 했다.

기도의 반복은 중언부언이 아니다. 매일 매 순간 하나님께 문제의 해결, 응답의 축복을 위해서 반복해서 기도하라.

육체적인 희생과 거룩을 드리라

집요하게 드리는 기도는 오락이 될 수 없다. 능력과 고투의 기도에는 육체적인 희생이 있고 거룩함의 향기가 있다. J. H. 조웨트(J. H. Jowett)는 “생명을 걸고 드리는 모든 기도는 인간의 생명을 고갈되게 한다. 진정한 간구는 희생, 즉 피 흘리는 희생이다”라고 이야기했다. 또한 마르틴 루터(Martin Luther)는 “기도는 강물을 거슬러 올라가는 배의 움

직임과 같다"고 했다.

새벽을 깨우는 것은 참으로 힘든 일이다. 이른 저녁 잠이 든다는 것은 밤에도 일어나는 모든 세상일에 등을 돌리는 것을 의미한다. 새벽 시간을 주님께 바치는 일은 모든 세속에서 우리를 거룩하게 지켜 줄 것이다. 새벽을 깨우라. 지속적인 기도를 드리려면 새벽을 자신의 것으로 만들며 새벽 기도를 체질화해야 한다.

성령의 도우심을 의지하라

끝까지 물러서지 않고 집요하게 싸울 수 있는 힘은 육체적인 힘에서 나오지 않는다. 충동적으로 솟는 힘도 아니다. 단순히 영혼이 진지하게 임한다고 되는 일도 아니다. 반드시 내부에 역사하는 힘이 있어야 한다. 그 힘은 성령이 불어넣어 일으키시는 힘이다. 실제로 성령께 도움을 구해 기도하는 것은 하나님의 영이 내 안에서 간구하시는 것이다. 그러므로 우리는 성령께 의지해야 한다. 늘 성령을 구하라.

힘쓰지 않고 가만히 있으면서 우연히 기도가 잘되는 일은 일어나지 않는다. 기도에 있어서 요행을 바라선 안 된다. 기도의 헌신만큼 우리의 삶에 혁명적인 사건은 없다.

17. 전심으로 기도하라

어떤 분이 나에게 질문했다. "가족이 아픈데 고쳐 달라고 주님께 기도하는 게 옳은가요? 주님의 뜻이 무엇인지 모르는데 고쳐 달라는 건 내 고집이 아닌가요?" 주님의 뜻이 어디에 있는지 모르는데 우리 소원대로 해 달라는 기도가 과연 올바른 기도냐는 질문이었다. 그때 나는 이렇게 답했다. "그냥 기도하세요. 기도해 보시면 압니다."

기도는 무조건 해 보면 안다. 하나님의 뜻을 모르겠으면 내 소원을 가지고 기도해 보라. 아이는 자기 수준으로 엄마에게 무언가를 달라고 한다. 그러면 엄마가 엄마 수준에서 아이에게 응답한다. 마찬가지다. 우리는 그저 우리 수준으로 기도하면 된다. 그러면 하나님이 알아서 하나님 수준으로 응답하신다. 그렇게 자꾸 기도하는 것이 중요하다. 기도하다 보면 하나님의 뜻을 점점 알아 간다. 기도 속에서 자라는 것이다. 그러니 복잡하게 생각하지 말고 그냥 기도하면 된다.

히스기야 왕은 왜 살려 달라고 기도했을까?

히스기야 왕이 중병이 들었다. 그런데 당시 상황은 이스라엘이 아직 앗수르 왕에게 포위되어 있을 때였다. 설상가상으로 이사야 선지자가 찾아와 하나님이 자기더러 죽을 것이라고 하셨다고 전했다. 우리로 치면 사기를 당해 부도가 나고 집까지 빼앗긴 상황이다. 가족들은 뿔뿔이 흩어지고 빚쟁이에게 쫓기고 있는데 병까지 걸렸다. 간신히 교회를 찾아갔더니 마침 목사님의 설교 내용이 악인은 죗값을 받고 하나님이 공의로운 심판을 하신다는 말씀이었다. 교회에 왔다가 위로는커녕 오히려 정죄받고 죄책감만

쌓여 '난 죽을 놈이구나' 싶어 피할 곳이 없는 상황이다.

이 상황에서는 어떻게 기도해야 하는 것일까? 이사야 선지자가 하나님의 말씀이라고 전해 주었으니 히스기야 왕은 그냥 기도하지 말고 죽을 준비를 해야 했을까? 그러나 히스기야는 기도할까, 말까를 고민하지도 않았다. 바로 낯을 벽으로 향하고 하나님께 살려 달라고 기도를 드렸다.

하나님의 본심을 구하라

하나님이 왜 히스기야 왕에게 이사야 선지자를 보내 죽음을 준비하라고 하셨을까? 그것이 정말 죽으라는 말씀인지, 이대로 있으면 죽으니 정신 차리라는 말씀인지 어떻게 알 수 있을까? 기도하면 안다. 기도하면 하나님의 본심을 알 수 있다. 히스기야에게 왜 하나님의 뜻을 받아들이지 않느냐고 따질 수도 없다. 왜냐하면 하나님이 살려 달라는 히스기야의 기도를 들어주셨으니까 말이다! 하나님이 괜찮다고 하셨는데 우리가 함부로 다른 사람의 기도를 판단할 수는 없다.

기도에는 정답이 없다. 그 사람과 하나님 사이에서 일어나는 부자지간의 대화이기 때문이다. 수준 높은 기도가 좋은 것도 아니고, 수준 낮은 기도가 틀린 것도 아니다. 그저 자녀가 자기 수준에 맞게 부모를 대하는 것이 맞는 일이다.

분명한 것은 기도하면 하나님이 살려 주실 사람이 기도하지 않으면 죽는다는 사실이다. 기도하면 긍휼을 얻을 수 있는데, 기도하지 않아서 감춰진 약속을 받지 못할 수도 있다는 것이다. 한나가 기도하지 않아도 과연 사무엘을 얻을 수 있었을까? 예수님이 그렇게 열심히 기도하지 않으셨어도 과연 그 사명을 다 수행하실 수 있었을까? 왜 바울은 항상 쉬지 말고 기도하라고 했을까? 기도를 통해서 우리가 하나님의 자비를 맛볼 수 있기 때문이다.

밭이 있어도 씨를 뿌리고 경작하는 수고를 하지 않는데 거둘 것이 있을까. 마찬가지로 우리가 기도의 밭에 씨를 뿌리고 수고하지 않으면 기도의 응답은 주어지지 않는다. 오히려 기도할 때 기도하지 않으면 이길 수 없었던 장애물도 넘어갈 수 있다. 기도하지 않으면 견딜 수 없었던 어려움도 극복할 수 있다. 기도하지 않으면 일어날 수 없었던 기적도 경험한다. 기도하니까 우연 같은 사건도 일어나고, 기도하니까 만남의 축복도 경험하고, 기도하니까 하나님의 도우심을 경험하며 사는 것이다. 그러므로 기도해야 하나, 말아야 하나 고민할 필요가 없다. 그저 기도하면 다 알게 된다.

그러면 어떻게 기도할까?

기도는 결단에서 시작한다. 히스기야 왕은 낯을 벽으로 향했다. 세상에 등을 돌리고 하나님만 바라보겠다는 결단의 행동이다. 예수님은 우리더러 골방에 들어가서 은밀한 중에 보시는 하나님께 기도하라고 하셨다(마 6:6). 아무도 없는 골방에서 세상을 향한 문을 닫는 것은 바로 주님만 의지하겠다는 결단이 필요한 일이다. 예수님이 새벽 미명에 일어나 한적한 곳으로 나가신 것도 결단이다. 내가 내 방에서 시간을 정해 놓고 무릎을 꿇는 일도 결단이다.

바쁜 일상을 내려놓고 걱정도, 노력도 그치고 기도하겠다는 결심을 해야 기도가 시작된다. 쉬운 일 같아도 결심이 없으면 기도할 수 없다. 기도 제목을 정하고 하나님만 바라보기로 작정하는 것, 그것이 기도의 시작이다. 그 결심 속에서 마음이 준비되는 것이다.

신심이 아니라 전심으로 기도하라

그러나 기독교의 기도는 신심이 아니다. 솔직히 결심이 시작이지만 결심이 나아가는 방향이 다르다. 불교에서 100일 기도를 하는 사람들도 결심하고 하는 일 아닌가. 그들은 결심하고 엄청난 정성을 들인 신심으로 행한다. '내가 이렇게 하면 이런 효과가 있을 것'이라는 마음이 바로 신심이다. 즉 종교성인 것이다. 그러나 하나님은 우리의 정성, 우리의 신심을 보시는 것이 아니다. 하나님은 우리의 전심을 보신다.

우리가 아무리 대단한 결심을 해도 막상 무릎을 꿇고 기도하면 우리는 무력함을 느낀다. 기도가 막 뻗어 가는 것이 아니라 금세 바닥을 뒹굴며 한숨을 쉬고 있는 자신을 경험할지도 모른다. 이스라엘도 하나님께 반복적으로 제사는 드릴 수 있었지만 마음을 드리지는 못했다. 히스기야는 평소에 하나님과 긴밀하게 마음을 주고받은 사람이었다. 그가 하나님께 응답받을 수 있었던 놀라운 무기는 바로 전심이었다.

그러면 어떻게 전심으로 기도할까?

거듭난 마음으로 성령으로 기도하라

전심 기도는 신심이 아니라 거듭난 마음으로 드리는 기도다. 하나님의 자녀가 하나님을 "아빠"라고 고백하는 데서 시작하는 기도다. 하나님을 "아빠"라고 부를 수 없으면 일단 시작 자체가 안 된다. 그러나 거듭나면 우리 안에 계신 성령이 하나님을 "아바 아버지"라고 부르게 하신다. 기도란 바로 이 마음으로 드리는 것이다. 이것이 바로 예수 그리스도의 이름으로 드리는 기도다.

전심 기도란 성령으로 드리는 기도다. 우리의 정성으로는 절대로 우리의 마음을 하나님께로 가져가지 못한다. 그런데 우리의 마음을 하나님께로 가지고 갈 수 있도록 도와주시는 분이 바로 성령이시다. 예수님을 믿으면 성령을 선물로 주시는데, 그분이 우리의 기도를 도와주신다. 기도는 우리 힘으로 못한다. 오직 성령의 은혜로만 가능하다.

또한 기도는 지극 정성으로 얼마나 오래 했는가가 중요

한 것이 아니다. 기도는 곧 믿음이다. 십자가에서 이루어진 사실에 대한 믿음, 하나님의 살아 계심과 전능하심에 대한 믿음, 두려움과 의심을 믿음으로 이기면서 하나님께 나아가는 믿음, 바로 그 믿음의 마음이 전심이다.

주님만 바라보며 전심으로 기도하라

결국 어떻게 신심이 아니라 전심으로 기도하는가? 첫째, 예수님 안에서 거듭난 마음으로, 둘째, 성령의 은혜로, 셋째, 믿음으로만 가능하다.

이 세 가지는 이미 그리스도 안에 있다. 그러므로 우리는 전심으로 기도할 수 있는 무기를 가지고 있다. 자녀 됨으로 그리스도 안에서 엄청난 특권을 가진 것이다. 따라서 이제 기도하겠다고 결심만 하면 된다.

성령께 기도를 도와 달라고 요청하라. 입술을 열어서 소리 내어 기도하기 시작하라. 꼭 내 목소리가 귀에 들리도록 소리를 내야 한다. 우리가 말을 한다는 것은 하나님과 소통하겠다는 의지의 표현이고 마음의 표현이다.

마지막으로, 자기 수준에서 솔직하게 기도해야 한다. 주님은 우리가 솔직하게 하나님 앞에 나오는 것을 기뻐하신다. 마음에 떠오르는 대로, 하나님이 주시는 마음과 소원을 따라서 기도해 보라. 그렇게 지속적으로 기도할 때 어느덧 입술이 열리고, 마음이 열리고, 하늘을 향해서 기도가 올라가는 경험을 하게 될 것이다. 하늘 아버지와 마음을 나누는 대화가 가능해진다.

하나님은 멀리 계시는 분이 아니다. 부모는 자녀와의 대화를 기다린다. 우리 역시 입술을 열어 하나님을 "아빠"라고 부를 때 하나님은 감동하신다. 하나님이 반드시 우리의 기도를 들으신다는 사실을 기억하라.

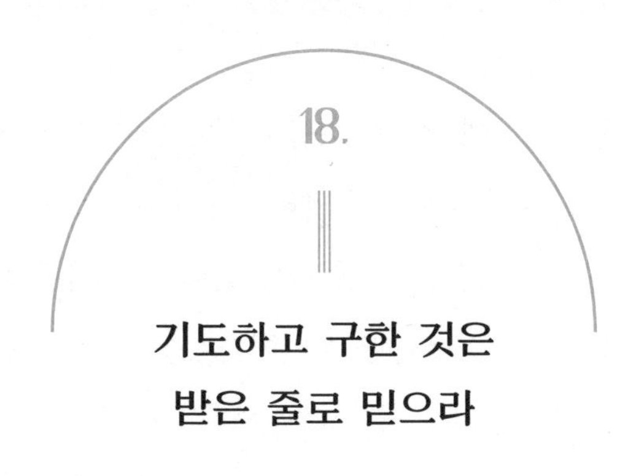

18. 기도하고 구한 것은 받은 줄로 믿으라

우리는 기도한다고 하면서 절망하고 한숨을 쉰다. 오히려 기도 속에서 문제를 예견하고, 기도하고 나서 걱정한다. 기도 속에 믿음이 없는 것이다. 그러면 아무리 기도해도 응답이 없다.

우리가 알아야 할 것이 있다. 하나님은 우리가 기도하기 때문에 응답하시는 것이 아니라, 믿기 때문에 응답하신다는 사실이다. 기도는 하나님을 믿는다는 믿음의 표현이다. 기도를 하면서 믿음이 빠져 있다면, 주님을 믿지 않는 사람들이 외우는 주문과 무엇이 다를까. 중요한 것은 믿음이다.

"그러므로 내가 너희에게 말하노니 무엇이든지 기도하고 구하는 것은 받은 줄로 믿으라 그리하면 너희에게 그대로 되리라"(막 11:24). 주님은 우리에게 그대로 된다고 말씀하셨다. 얼마나 놀라운 약속인가! 하나님은 거짓말하지 않으신다. 정말 그렇게 역사하신다. 그러니 우리가 믿어 드리는 일만 제대로 하면 정말 놀라운 역사가 일어난다.

그러면 우리가 어떻게 하나님을 믿어 드릴 수 있을까?

문제가 아니라 해결점을 기도하라

하나님은 우리가 염려하고 걱정하는 모습을 보고 계신다. 우리가 이 사람, 저 사람에게 도움을 구하러 다니는 것을 아신다. 사람들을 붙잡고 신세한탄을 하러 다닐 때도 주님은 가만히 계신다. 그러다 이제 하나님 외에는 도움을 구할 데가 없다는 것을 알고 기도하기 시작할 때 드디어 하나님은 그 믿음을 보고 응답하신다. 이처럼 기도는 하나님을 신뢰하는 가장 중요한 표현이다.

그런데 어떤 사람은 기도할 때 하나님께 문제만 보고하

고 소원을 기도하지 않는다. 해결점을 말씀드리지 않는 것이다. 왜일까? 믿음이 없기 때문이다. 아무리 생각해도 내 경험과 이성으로 해결할 방도가 보이지 않기 때문이다. 그래서 그저 문제만 인정하고 걱정을 보고한다. 하지만 하나님이 어떤 방법으로 문제를 해결하실지 아는 것은 우리의 소관이 아니다. 그것은 전능하신 하나님께 달려 있다. 우리가 할 일은 그저 믿는 것이다.

야이로는 단지 주님이 딸을 살려 주실 것을 믿기만 하면 되었다. 죽은 딸이 살아나리라는 것을 어떻게 인간의 이성과 경험으로 가늠할 수 있겠는가. 이루시는 분은 하나님이시니 우리가 할 일은 그저 믿기만 하는 것이다. 그런데 우리가 믿음이 없기에 우리가 바라는 바를 주님께 기도하지 않는 것이 문제다.

어떤 집사님이 갑자기 찾아왔다. 남편의 사업이 너무나 어려운 상황이었다. 경기가 나빠지면서 모든 사업 계약이 취소되고 말았다. 은행에서 대출받은 돈의 이자를 갚지 못해 아파트라도 팔아야 할 지경이었다. 그런데 아파트마저 팔고 나면 정말 길에 나앉게 생겨 앞이 캄캄했다. 기도해도 걱정이 되고 불안해서 안절부절못하다가 목사님께 기도라도 받아야겠다며 찾아온 것이었다.

그때 집사님과 이야기하면서 이렇게 말했다. 회사 문을 닫고 아파트를 팔면 어디로 갈지 걱정만 기도하지 말고, 원하는 것을 기도하자고 말이다. 해지된 계약이 다시 체결되고, 남편의 사업이 회복되는 것 등 정말 이루어지기 원하는 것을 가지고 기도하자고 말했다.

물론 우리의 눈에는 불가능해 보일 수 있다. 하지만 하나님께는 능치 못할 일이 없다. 다시 말하지만, 기도는 두려움과 싸우면서 믿음을 잃지 않는 과정이다. 두려워하면 기도할 수 없고, 믿으면 기도할 수 있다. 그러므로 우리는 믿음으로 기도해야 한다.

기도 후에도 믿음의 말을 하라

믿음은 표현해야 믿음으로 인정받는다. 기도 후에 믿는지, 아닌지를 가장 잘 보여 주는 것은 우리의 말이다. 기도를 열심히 해 놓고 "시험 망치면 어떻게 해요", "실수하면 어떡해요", "잘 못할 것 같아요" 등 엉뚱한 말을 하는 사람이 있다. 이것이 불신앙이다.

하나님은 우리의 말을 다 듣고 계신다. 그래서 가나안 땅을 정탐하고 돌아와서 악평을 한 열 명의 정탐꾼들은 다 재앙으로 죽었다. 하나님은 이스라엘 백성에게 "너희 말이 내 귀에 들린 대로 내가 너희에게 행하리니"(민 14:28하)라고 말씀하셨다. 열두 정탐꾼들은 모두 가나안 땅에 들어가고 싶은 마음의 소원이 있었다. 그러나 믿음이 달랐다. 결국 마음의 소원과는 다른 말을 했다. 중요한 것은 하나님은 우리 마음의 소원대로가 아니라, 우리가 믿음의 말을 한 대로 행하신다는 것이다. 말로써 믿음을 보여야 한다.

하나님은 아직 자식도 없는 아브람에게 '아브라함', 즉 '열국의 아비'라는 이름을 주셨다. 사래는 사라, 즉 '열국의 어미'라고 부르게 하셨다. 그리고 그들은 믿음으로 순종했고, 그대로 되었다. 말을 통해서 믿음을 보여라. 그러면 그대로 되는 역사가 일어날 것이다.

감사와 찬양을 드리고 기뻐하라

딸아이를 위해 기도하다가 내가 주님을 믿어 드리지 못했다는 사실을 깨달은 날, 나는 기도하고 구한 것은 받은 줄로 믿기로 작정했다. 그렇게 믿는다고 작정하니 당장에 내가 할 일은 걱정 근심이 아니라 찬양이었다. 하나님이 내 딸을 고쳐 주실 것을 믿음으로 바라보니 내가 할 일은 기뻐하는 일이었다. 여전히 마음은 불안했지만 의지적으로 찬양과 감사를 드렸다. 딸이 아픈 후 처음으로 감사하고 찬양하며 웃었다.

우리가 진정으로 믿는다면 감사해야 한다. 감사는 믿음을 표현하는 최고의 언어다. 그래서 성경은 우리에게 우리의 염려를 감사함으로 아뢰라고 한다(빌 4:6). 배우자를 위해 기도하고 있는가? 그럼 감사함으로 아뢰라. 자녀를 위해 기도하는가? 응답해 주실 것을 믿고 감사함으로 기도를 올려라.

우리가 기도했는데도 여전히 근심한다는 것은 내 잠재의식이 믿지 않는다는 것을 보여 준다. 내 의식으로 기도하는 부분은 아주 적다. 10%도 안 된다. 기도하는 시간 외인 나머지 90%의 시간에 내가 불안해하고 근심하고 불평하고 한숨짓는 것은 그만큼 우리가 불신앙에 물들어 있다는 증거다. 우리는 오랫동안 불신앙으로 습관화된 무의식을 바꾸어야 한다. 입술로는 믿는다고 하지만, 마음과 생각으로는 근심, 불안, 의심이 가득 차 있다면 우리의 믿음은 온전치 못한 것이다. 이를 위해서 우리는 쉼 없이 근심을 감사로 바꾸는 연습을 해야 한다.

그리고 기뻐해야 한다. "항상 기뻐하라 쉬지 말고 기도하라 범사에 감사하라"(살전 5:16-18). 이것이야말로 믿음의 마음이다. 우리는 믿음으로 기도해야 한다. 그 믿음은 감사와 기쁨으로 드러나야 한다. 이제 불평, 근심을 치우라. 얼굴에 인상을 펴라. 믿음으로 웃고 찬양하라. 기도하고 구한 것을 받은 줄로 믿으라. 이것이 우리가 기도한 후에도 여전히 맡기는 믿음이다. 우리가 근심한다는 것은 못 맡긴다는 뜻이다. 맡기면 주님이 당신의 뜻대로 이루어 주신다.

우리가 믿음으로 기도하는 것은 하나님을 내 뜻대로 조종하고자 함이 아니다. 내가 원하는 것이 아니라 하나님의 뜻이 가장 좋은 것임을 우리는 안다. 그렇지만 하나님의 뜻을 모르기에 우리가 원하는 것을 말씀드리는 것이다. 구할 때는 언제나 하나님의 더 좋은 뜻에 순종할 마음을 가져야 한다.

나는 기도의 유익이 바로 여기에 있다고 생각한다. 나의 경우, 첫 아이를 제외하고 둘째는 재수, 셋째는 삼수를 했다. 아이들이 시험장에 들어갈 때마다 정말 열심히 기도했다. 그런데 번번이 시험을 망쳤다. 하지만 나는 기도했기 때문에 그 현실을 받아들일 수 있었다. 내가 간절히 기도했기에 이 결과도 하나님의 뜻 안에 있음을 신뢰할 수 있었다.

나와 아내는 아이들이 재수, 삼수하기 위해서 학원에 입학할 때, 마치 원하는 대학에 들어간 것처럼 기뻐했다. 분명 더 좋은 뜻이 있음을 믿었기 때문이다. 물론 기도할 때마다 '주님, 제발 삼수만은 하지 않게 해 주세요'라고 바라기는 했다. 하지만 막상 아이가 삼수를 시작하자, 내가 기도했기에 모든 상황을 감당할 수 있었다. 그리고 우리 아이들에겐 재수, 삼수하는 시간이 정말 유익했음을 보았다.

기도해도 내가 원하는 대로 되지 않을 수 있다. 그 역시 최고의 기도 응답이다. 하나님이 가장 좋은 것을 주시는 분이심을 믿으라. 그 믿음으로 우리는 어떤 상황에서도 낙망하지 않고 기도할 수 있다.

이미 이루어진 것처럼 행동하라

우리가 믿는다면 이미 이루어진 것처럼 행동해야 한다. 이미 받은 것처럼 행동하라. 그렇게 될 줄 믿고 행동해야 한다.

한 아들이 아빠에게 개를 사 달라고 했다. 그러고는 열심히 개집을 만들었다. 아빠가 아들에게 "개는 없는데 왜 개집을 만들었니?"라고 묻자 아들은 "아빠가 개를 사 줄 거라고 믿어요"라고 대답했다. 아빠는 개를 싫어했다. 그런데 회사에 가도 아들이 만든 개집 생각이 자꾸 났다. 집에 와도 아들이 만든 개집이 덩그러니 놓여 있는 모습이 마음에 걸렸다. 결국 개를 사 주었다. 우리도 하나님 앞에서 이 아들과 같은 믿음을 가져야 한다. 행동을 통해서 믿음을 보여야 한다.

베드로는 물 위를 걸으시는 주님을 보고는 자기에게 물 위로 오라고 명해 달라고 했다. 주님은 오라고 하셨다. 이제 그가 믿는다면 자신도 주님처럼 물 위를 걸을 줄 믿고 배 밖으로 나가야 했다. 그는 배 밖으로 발을 내밀었다. 그 결과, 그는 물 위를 걷는 체험을 했다. 배 안에 있으면 물 위를 걷는 경험을 결코 할 수 없다.

우리는 배에 머무는 것이 안전하다고 생각한다. 그렇다

면 우리 삶에는 아무런 역사도 일어나지 않는다. 크신 하나님은 우리가 경험과 이성, 환경의 배 밖으로 나가길 원하신다. 우리가 말씀대로 될 줄로 믿고 행동하고 모험할 때 역사가 일어난다. 말씀은 공부의 대상이 아니라 실험의 대상이다. 믿음의 선진들에 관한 말씀을 듣고 아는 데서 멈추는 것이 아니라 그 말씀이 내 삶에 이루어지는지 실험을 해 봐야 한다. 신앙생활은 공부가 아니라 실험이다. 우리가 아는 만큼 믿음으로 행동할 때 하나님의 역사를 경험할 수 있다.

하나님은
우리가 염려하고 걱정하는 모습을 보고 계신다.
하나님 외에는 도움을 구할 데가 없다는 것을 알고
기도하기 시작할 때
드디어 하나님은 그 믿음을 보고 응답하신다.
기도는 하나님을 신뢰하는 가장 중요한 표현이다.

STEP 4 핵심 내용

나눔

1. 다음 질문들에 각각의 답을 간략하게 적어 보라. 본문을 참조해도 좋고 자신만의 답을 적어 보아도 좋다.

   1) "기도했는데도 걱정이 가시질 않고 한숨만 나옵니다.":

   2) "너무 아프고 분해 복수하고 싶습니다.":

   3) "이루어지기를 간절히 원하는 기도가 있습니다.":

   4) "기도 내용을 계속 반복하면 중언부언하는 기도가 아닌가요?":

   5) "기도 응답의 비결은 체질화된 기도, 끈질기고 지속적인 기도라고 하는데 방법을 모르겠습니다.":

2. 만약 주님이 지금 "네게 무엇을 하여 주기를 원하느냐?"라고 물으신다면 "주여 보기를 원하나이다"(눅 18:41)라고 대답한 바디매오처럼 지체 없이 이야기할 소원이 있는가?

3. 이 시간 간절한 소원, 원한, 고통, 꼭 해결되기 원하는 문제를 놓고 반드시 들어주시는 하나님께 부르짖고 전심으로 기도하라.

4. 하나님과 우리는 뻔뻔하게 달라고 기도해도 되는 부자지간이다. 뻔뻔하다고 생각해 구하기를 꺼렸던 기도 제목이 있다면 적어 보고 아버지 되신 하나님께 자녀로서 뻔뻔하게 달라고 기도하라.

응답받는 기도 훈련

- 기도하고 그대로 되는 역사를 일으키는 4가지 Tip
  1. 문제가 아니라 이루어지길 바라는 소원을 구체적으로 놓고 기도하라.
  2. 기도한 후 말로써 믿음을 보이라.
  3. 믿음으로 기도 제목이 이미 이루어진 것처럼 행동하라.
  4. 하나님께 감사하고 찬양하며 기뻐하라.

- 응답을 가져오는 지속적인 기도를 드리려면
  1. 어떤 문제를 가지고 백 번이고 천 번이고 반복해서 기도하기
  2. 육체적인 희생을 감수하고 거룩함의 향기를 하나님께 올려 드리기
  3. 성령의 도우심을 의지하기

- 전심 기도 Key Word
  1. 예수님 안에서 거듭난 마음!
  2. 성령의 은혜로!
  3. 믿음으로만!

응답 이후의 삶을 주의하라

하나님이 기도에 응답하시는 이유

히스기야 왕이 낯을 벽으로 향하게 하고 기도하자 하나님이 그의 기도를 들어주셨다. 그런데 좀 이상하지 않은가? 굳이 하나님은 히스기야 왕의 병을 낫게 해 주겠다는 징표를 보이셨다. 무려 해시계 위에 나아갔던 해 그림자를 10도 뒤로 물리는 기적으로 응답을 확증하셨다(왕하 20:11). 왜 개인의 병이 낫는 징표로 온 세상 인류가 사는 지구의 시간을 거꾸로 돌리기까지 하셨을까? 그리고 히스기야에게 15년을 더 살게 되리라고, 앞으로 살게 될 연수도 정확하게 알려 주셨다. 사람이 자기 죽을 날을 미리 알고 산다면 오히려 불안하지 않을까? 왜 미리 알려 주셨을까?

너무 쉽게 받아들이고, 너무 쉽게 포기하는 것은 좋은 믿음이 아니다. 영적으로 깨어 있는 히스기야는 이사야 선지자의 말을 듣고 하나님의 속뜻이 있음을 알아차렸다. 하나님 역시 고난을 통해서 히스기야에게 하고 싶으신 말씀이 있었다. 하나님의 본심은 그가 이 병으로 죽는 것이 아니라, 이 병으로 하나님을 붙들고 그 뜻을 깨닫고 순종하길 원하셨던 것이다. 그러면 하나님이 히스기야가 기도하자 이처럼 곧바로 대단하게 응답하신 이유는 무엇이었을까?

더 큰 응답에 대한 믿음을 주시려고

열왕기하 20장 6절을 보면, 히스기야가 죽을병에 걸린 때는 이스라엘이 앗수르에 포위되어 있는 시기였다. 적군이 에워싼 상황은 국가적인 환란이다. 그런데 하나님은 이길 힘을 주시기는커녕 중병이라는 문제까지 더해 주셨다. 정말 벼랑 끝에 서서 밀리는 상황이었다. 히스기야는 이때 전심으로 기도했다. 그리고 기도를 들어주시는 하나님을 경험했다. 중병을 고쳐 주시는 응답을 들으며 이전에 있던 환란까지 기도로 이겨 낼 믿음을 얻은 것이다. 하나님은 고난을 통해서 믿음의 근육을 연단하시고 기도의 야성을 키워 주신다.

이 일 후에 히스기야는 앗수르에게 이스라엘을 조롱하는 편지를 받지만, 감정적으로 대처하기보다 먼저 하나님께 기도했다. 하나님은 그 기도를 들으시고 여호와의 사자를 보내 앗수르 군대를 물리쳐 주셨다. 하나님은 개인의 기도 응답을 통해 하나님 나라의 더 큰 문제도 이겨 낼 수 있는 영적 군사로 히스기야를 키우셨다.

우리가 개인적으로 어렵고 힘든 일이 있을 때 해결해 달라고 부르짖는 기도는 결코 이기적인 기도가 아니다. 바로 그 기도에서부터 우리의 기도가 자란다.

나는 수많은 개인 기도 응답을 경험하면서 교회의 위기를 이겨 내는 데 바탕이 되는 기도를 배웠다. 개인 기도 체험은 나 개인만을 위한 것이 아니라 하나님 나라와 연결되어 있다. 지금의 고난은 앞으로 더 큰 문제를 해결하기 위한 연단이고 훈련이다. 내 작은 문제에 응답하시는 하나님을 경험하지 못한다면 큰 문제 앞에서 응답하실 주님도 기대할 수 없다. 기도는 '100만 원 응답의 믿음'부터 '100억 원 응답의 믿음'까지 자라는 것이다.

응답 이후의 삶을 받으시려고

하나님이 히스기야의 병을 고쳐 주시는 기도 응답에서 특이한 점은 15년을 더 살게 해 주겠다고 굳이 연수를 밝히신 대목이다. 보통 병만 고쳐 주시지 이렇게 살 날수까지 알려 주시진 않는다. 그런데 왜 밝히셨을까?

히스기야가 앞으로 살아갈 15년이 정말 중요하기 때문이다. 히스기야가 병을 고쳐 달라고 기도하면서 하나님께 서원한 내용을 보라. 이사야 38장을 보면, 그는 살려 주시면 은혜에 보답하고 자녀에게 하나님을 잘 가르치겠다고 서원했다. 히스기야의 기도 응답은 단지 병이 낫고 인생을 보너스로 받은 정도가 아니었다. 혼자 잘 먹고 잘 살라고 들어주신 응답이 아니다. 그 기도 응답에는 이스라엘의 운명이 달려 있었다. 히스기야가 덤으로 받은 15년 동안 누가 태어났는가? 다음 왕위를 이을 므낫세가 태어났다.

하지만 히스기야는 므낫세에게 하나님을 가르치지 못했다. "유다 왕 므낫세가 이 가증한 일과 악을 행함이 그전에 있던 아모리 사람들의 행위보다 더욱 심하였고 또 그들의 우상으로 유다를 범죄하게 하였도다"(왕하 21:11). 결국 므낫세는 이스라엘을 암흑기로 몰아넣고 말았다. 정말 안타까운 일이 아닌가.

인생의 후반기 15년은 참 중요한 시기다. 마지막 15년이면 인생의 성숙기다. 지도자의 자리에 있고, 영향력도 있고, 많은 열매를 맺을 때다. 힘든 시기가 다 지나고 살 만할 때다. 문제는 그때 어떻게 살아가느냐다. 그때 어떻게 살아가느냐에 따라 가정의 운명이 결정된다. 나라의 운명이 좌우된다.

하나님은 인간이 약하다는 사실을 아시기에 기도하게 하신다. 고난을 주고 더 큰 응답도 주며 믿음을 키워 주신다. 하나님은 서원 기도를 통해 히스기야에게 나머지 인생 15년의 결심을 받으셨다. 하나님은 히스기야가 특별히 인생의 남은 15년을 잘 살게 하려는 마음을 가지신 것이다. 그러나 그 결과가 무엇인가?

교회와 민족의 운명과 역사를 짊어지게 하시려고

안타깝게도 히스기야는 병이 낫고 앗수르를 이기고 유명해지자 결국 하나님을 잊어버리고 말았다. 바벨론의 사신들이 오자 주님께 영광을 돌리기는커녕 자기 자랑을 하기에 여념이 없었다.

이대로 가면 안 되겠다 싶으셨던 주님이 다시 이사야를 보내 경고하셨다. "여호와의 말씀이 날이 이르리니 왕궁의 모든 것과 왕의 조상들이 오늘까지 쌓아 두었던 것이 바벨론으로 옮긴 바 되고 하나도 남지 아니할 것이요 또 왕의 몸에서 날 아들 중에서 사로잡혀 바벨론 왕궁의 환관이 되리라 하셨나이다 하니"(왕하 20:17-18). 나라가 망할 것이라는 경고였다.

히스기야가 경험한 대로라면, 이런 경고를 들었을 때 어떻게 해야 했을까? 자기 목숨을 살려 달라고 전심으로 기도했듯이 민족이 망할 것이라는 예언을 두고 똑같이 살려 달라고 기도했어야 했다. 주님 앞에 서원한 대로 마지막 15년을 제대로 살았어야 했다. 그런데 히스기야의 응답은 무엇이었는가?

"만일 내가 사는 날에 태평과 진실이 있을진대 어찌 선하지 아니하리요"(왕하 20:19하). 나만 괜찮으면 된다는 말이다. 너무하지 않은가! 자기 문제에 대해서는 하나님의 뜻을 못 받아들이겠다고 기도하더니, 교회와 민족의 문제, 남의 문제에 대해서는 하나님의 뜻을 받아들이겠다는 것이다. 이게 믿음일까?

하나님 나라를 위해 기도하는 믿음으로

이때 히스기야의 태도로 이스라엘의 운명은 끝이 났다. 히스기야 왕은 이스라엘의 마지막 등불이었다. 이 등불이 꺼지면 이스라엘의 운명이 결정되니까 하나님이 지구를 뒤로 돌리는 징조까지 보여 주신 것이다. 하나님은 그의 삶이 하나님 나라의 역사를 좌우할 만큼 중요하다는 것을 알리고자 하셨다.

이토록 개인의 삶은 하나님 나라의 역사에 중요하다. 내 때만 평안하면 된다는 생각을 가지면 그 시대 국가의 운명은 끝이다. 우리 인생뿐 아니라 우리 가정과 교회의 운명도 우리에게 남은 15년을 어떻게 사느냐에 따라 달라진다.

오늘 우리가 누리는 믿음의 유산을 후손들에게 물려주려면 이 세상 끝날 때까지 하나님 나라의 영광을 위해서 살아야 한다. 우리가 얻은 축복을 우리 시대에 다 누리려고 하지 말고, 세상을 떠날 때까지 하나님 나라와 영광을 위해서 살아야 한다. 나와 상관이 없어도 후손을 생각하는 마음으로 헌신해야 한다.

하나님이 마땅히 죽어야 할 우리를 살려 주시고, 용서해 주시고, 다시 일으켜 주시는 이유는 하나님의 본심을 알고 부르짖어 기도하라는 뜻이다. 내가 너를 살린 것처럼 너희의 공동체를, 너희의 후손을, 한국 교회를 살릴 테니 기도하라는 것이다. 하나님은 그렇게 우리의 기도가 자라기를 원하신다. 개인적인 체험에서 공동체의 체험으로, 민족과 국가를 책임지는 믿음으로까지 나아가길 원하신다. 기도하는 우리 한 사람, 한 사람을 통해서 하나님의 축복이 계속 흘러가는 것이다.